LES ÉTATS-UNIS

ET

LA FRANCE

PAR

ÉDOUARD LABOULAYE

PROFESSEUR AU COLLÈGE DE FRANCE,
AVOCAT À LA COUR IMPÉRIALE DE PARIS,
MEMBRE DE L'INSTITUT

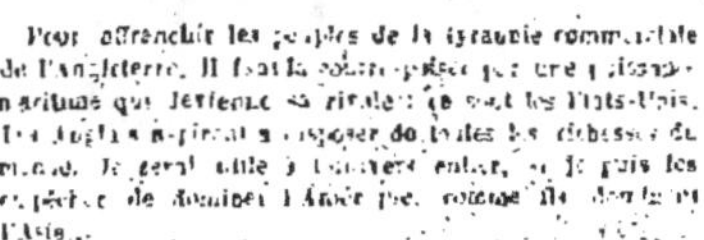

> Pour affranchir les peuples de la tyrannie commerciale de l'Angleterre, il faut la contre-balancer par une puissance maritime qui devienne sa rivale : ce sont les États-Unis. Les Anglais aspirent à disposer de toutes les richesses du monde. Je serai utile à l'univers entier, si je puis les empêcher de dominer l'Amérique, comme ils dominent l'Asie...
>
> En cédant la Louisiane j'affermis pour toujours la puissance des États-Unis, et je donne à l'Angleterre une rivale qui, tôt ou tard, abaissera son orgueil.
>
> (Paroles de Napoléon, en 1803.)

PARIS

E. DENTU, LIBRAIRE-ÉDITEUR,
PALAIS-ROYAL, GALERIE D'ORLÉANS, 13.

1862

LES ÉTATS-UNIS

ET

LA FRANCE

Paris. — Typographie HENNUYER, rue du Boulevard, 7.

LES ÉTATS-UNIS

ET

LA FRANCE

PAR

ÉDOUARD LABOULAYE

PROFESSEUR AU COLLÉGE DE FRANCE,
AVOCAT A LA COUR IMPÉRIALE DE PARIS,
MEMBRE DE L'INSTITUT.

> Pour affranchir les peuples de la tyrannie commerciale
> de l'Angleterre, il faut la contre-peser par une puissance
> maritime qui devienne sa rivale : ce sont les États-Unis.
> Les Anglais aspirent à disposer de toutes les richesses du
> monde. Je serai utile à l'univers entier, si je puis les
> empêcher de dominer l'Amérique, comme ils dominent
> l'Asie...
> En cédant la Louisiane, j'affermis pour toujours la puis-
> sance des États-Unis, et je viens de donner à l'Angleterre
> une rivale maritime qui tôt ou tard abaissera son orgueil.
>
> (Paroles de NAPOLÉON en 1803.)

PARIS

E. DENTU, LIBRAIRE-ÉDITEUR,

PALAIS-ROYAL, GALERIE D'ORLÉANS, 15.

1862

PRÉFACE.

Cette brochure n'est qu'une nouvelle édition de deux articles publiés le mois dernier dans le *Journal des Débats*, à l'occasion de l'excellent livre de M. de Gasparin : *l'Amérique devant l'Europe*.

On a pensé qu'il serait utile de donner une plus grande publicité à un travail où l'auteur s'est efforcé de démontrer les trois points suivants, non pas par des raisonnements que la passion peut toujours contester, mais par des preuves certaines et des faits qu'on ne peut nier :

1° L'esclavage, ou, pour être plus exact, le désir d'éterniser et de propager l'esclavage, et d'en faire le principe d'une politique nouvelle, a été la vraie cause de la rébellion du Sud.

2° Constitutionnellement le Sud n'avait aucun droit de se séparer. Il ne peut alléguer en faveur de cette mesure extrême ni un droit violé, ni un droit menacé.

3° L'intérêt commercial de la France lui conseille la neutralité. C'est le moyen le plus sûr et le plus prompt de terminer la guerre. L'intérêt politique de la France lui commande de rester fidèle aux grandes traditions de Louis XVI et de Napoléon. L'unité et l'indépendance de l'Amérique, c'est-à-dire de la seule puissance maritime qui fasse équilibre à l'Angleterre, est pour l'Europe tout entière la seule garantie de la liberté des mers et de la paix du monde.

Pour tout homme de bonne foi, ces trois points décident la question de reconnaissance et d'intervention.

Et le tarif, dira-t-on, vous n'en parlez point ?

Le tarif est une invention, et j'oserai dire une mystification à l'adresse de l'Europe. Il a été imaginé de ce côté de l'Atlantique pour masquer la question d'esclavage, et donner le change à l'opinion. Le tarif n'a joué dans la séparation aucun rôle appréciable. Il y a pour cela plusieurs raisons.

Et, d'abord, comment le Nord aurait-il imposé de force un tarif ?

Sur trente et un États qui composaient l'Union à l'époque du tarif, seize étaient des États à esclaves, et comme chaque État, sans égard à sa population, envoie deux sénateurs au Congrès de Washington, il en résulte qu'il ne manquait qu'une voix au Sud pour que le tarif ne pût être voté sans son aveu.

Or, il s'en faut de beaucoup que, dans le Nord, tous les Etats soient industriels ; tout au contraire, les nouveaux Etats de l'Ouest : Iowa, Wisconsin, Illinois, Indiana, Michigan, vivent de l'agriculture. Ce sont eux qui approvisionnent l'Europe de farine, de maïs et de viandes salées. A qui fera-t-on croire que ces Etats aient opprimé le Sud dans un intérêt qui ne les touchait en rien [1] ? A-t-on d'ailleurs oublié que depuis près de trente ans les présidents et l'administration ont toujours été nommés sous l'influence du Sud. Comment donc le Sud, si impatient et si fier, se serait-il laissé opprimer ?

Ensuite, il faut le dire à l'honneur de l'espèce humaine : jamais un peuple ne s'est révolté par intérêt. Au fond de toutes les révolutions, il y a une idée, bonne ou mauvaise, vraie ou fausse. L'idée seule soulève une population. Pourquoi l'Amérique s'est-elle révoltée contre l'Angleterre en 1776 ? Est-ce pour une taxe insignifiante, telle que le timbre, ou un droit sur le thé ? Non ; l'Amérique s'est insurgée pour une idée ; elle n'entendait point qu'on l'imposât malgré elle. *Point de vote, point d'impôt*, a été le cri de la révolution. En 1789, pourquoi la France s'est-elle remuée ? Est-ce pour un misé-

---

[1] « La prétendue distinction entre les Etats à esclaves et les Etats libres, comme étant les uns agriculteurs, les autres manufacturiers, est tout simplement fausse. — Des dix-sept Etats libres, il en est onze dont l'industrie et les intérêts sont aussi complétement agricoles que ceux d'aucun des Etats à esclaves ; il en est trois qui sont à la fois agricoles et manufacturiers ; et les autres, trois seulement sur dix-sept, sont largement intéressés dans les manufactures. » (Lettre de M. Beckwith, citée par M. Picard. *Le Conflit américain*, Paris, 1862, chez Dentu, p. 6.)

rable déficit de 40 millions ? Non ; elle était lasse du vieil ordre social, elle réclamait la liberté et l'égalité. En 1830, c'est une question de droit qui a fait les trois journées. Il y a là une loi historique qui n'a jamais varié. Quand les intérêts sont blessés, il y a chez ceux qui souffrent des réclamations, des plaintes, une agitation partielle, mais il n'y a point là cette passion qui enflamme tout un peuple et le jette dans les hasards de la guerre civile. La vraie, la seule cause qui a poussé les planteurs à la révolte, c'est l'ambition, c'est la folie de la domination, c'est le désir de fonder un nouvel empire romain pour y régner en maîtres sur des populations asservies ; c'est là une idée détestable, en contradiction avec l'Évangile et la civilisation moderne ; mais c'est une idée. Réduire la rébellion à un calcul de francs et de centimes, sur un tarif librement discuté et librement voté, c'est faire au Sud une injure qu'il n'a pas méritée.

Quoi ! des citoyens auraient rompu l'unité nationale, et porté sur la patrie une main parricide, afin de payer un sou de moins une aune de calicot ? Ce serait un crime où le ridicule le disputerait à l'odieux. Le Sud, aveuglé par ses préjugés, et plus encore par l'habitude du despotisme, a dans son aveuglement même une excuse ; la lui ôter, c'est l'avilir. En lui reconnaissant des passions violentes, et non pas une cupidité misérable, ses adversaires le servent mieux que ses avocats.

Dirai-je, en finissant, qu'un seul désir a dirigé ma

plume, le désir de servir mon pays, en lui montrant que dans cette triste question son devoir et son intérêt sont d'accord ? tous deux lui commandent la neutralité.

En écrivant ces pages, je n'ai jamais oublié que je suis Français, et non pas Américain ; mais, à vrai dire, c'est là une distinction qui n'est pas nécessaire. Jusqu'à ces derniers temps, jusqu'à ce qu'on nous inventât une politique nouvelle, c'était une maxime reçue des deux côtés de l'Océan, et presque un article de foi, que l'Amérique et la France étaient deux sœurs, unies par la communauté d'intérêts et par de glorieux souvenirs. Cette amitié, le Nord, y reste fidèle ; est-ce par amour de l'esclavage, qu'après quatre-vingts ans de durée nous romprons la seule alliance qui ne nous ait jamais imposé un sacrifice ni causé un regret ?

Versailles, 5 septembre 1862.

INTRODUCTION.

Quand vous défendez la vérité, a dit Goethe, *ne vous lassez point de parler, l'erreur ne se lasse point d'agir*. Parole profonde, dont on sent toute la portée dans une crise politique telle que celle où l'Amérique est engagée. Au début des événements, la conscience publique ne se trompe guère ; il y a dans notre cœur un instinct secret qui saisit la justice à première vue. Mais bientôt on trouve devant soi les intérêts et les passions conjurés ; les intérêts, qui souvent sont respectables, même dans leur égarement ; les passions, qui ne le sont jamais, et qui enveniment tout ce qu'elles touchent. La lutte commence, et de la mêlée sort un nuage où disparaît la vérité. Au milieu du bruit et de la fumée, le gros du public, étourdi, ébloui, trompé, ne sait plus ni ce qu'il voit, ni ce qu'il veut. Par amour du repos il est tout disposé à écouter ceux qui crient le plus fort. De là un trouble d'idées, une confusion universelle dont les habiles profitent, à moins que des cœurs généreux, des esprits décidés ne se mettent en travers du courant, et ne maintiennent les droits de la justice et de la vérité. Quoique le Sud ait beaucoup d'amis en France, et que l'esclavage y trouve une faveur que nous n'avions pas soupçonnée, le Nord a réuni cependant toute une phalange de défenseurs qui n'ont point abandonné les vieilles et glorieuses traditions de la France. Le *Journal des Débats*, le *Siècle*, la *Presse*, le *Temps*, l'*Opinion publique*, etc., etc., ne se sont point convertis. Ils n'ont pas eu l'œil assez vif pour voir que la cause de la servitude était la cause de la liberté. Aveugle comme eux, ce n'est pas moi qui les blâmerai.

A côté des journaux, se sont fait entendre des voix éloquentes, et depuis longtemps écoutées. On se souvient peut-être que l'an dernier, au moment où le Sud se révoltait, où le Nord, surpris par la défection, semblait hors d'état de se défendre, M. le comte de Gasparin publia en faveur du parti de la liberté un plaidoyer chaleureux qu'il intitula : *Un grand peuple qui se relève*[1]. Avec un courage qui lui est naturel, avec une foi sincère dans le triomphe final de la justice, M. de Gasparin ne craignit pas de rompre en visière à l'opinion du jour. Il affirma que le Nord, quelle que fût l'issue de la lutte, se relevait devant Dieu et devant les hommes, dès l'instant qu'il rompait avec la politique de l'esclavage et repoussait l'injuste suprématie du Sud. Les événements n'ont pas donné tort à la hardiesse de cette prophétie. Ces marchands, que les planteurs de la Caroline, un fouet à la main, allaient faire rentrer dans l'obéissance, comme des esclaves révoltés, ces Yankees, qui, disait-on, n'adoraient que l'argent, ont montré une résolution qu'on louerait chez les vieux Romains. Sept

[1] J'ai rendu compte de ce livre dans le *Journal des Débats* au mois d'octobre 1861. Ce compte rendu et quelques autres articles sur les Etats-Unis et l'esclavage viennent d'être réimprimés dans mes *Etudes morales et politiques*. Paris, 1861, chez Charpentier.

cent vingt mille engagés volontaires marchant au secours de la patrie, c'est un spectacle qui n'est pas commun dans l'histoire ; il y a là quelque chose de l'enthousiasme qui, en 1792, poussait nos pères aux frontières envahies. Si les soldats du Nord n'ont point écrasé l'ennemi, au moins l'ont-ils réduit à se défendre, après l'avoir chassé du Maryland, du Tennessée, du Kentucky, du Missouri, des fleuves et de la mer. Ni le patriotisme ni le dévouement n'ont manqué à cette démocratie dont on raillait l'impuissance. Sans méconnaître le courage des confédérés, il est permis de dire qu'aujourd'hui leur seul espoir est dans l'intervention de l'étranger. Si l'Angleterre et la France ne vont pas au secours du Sud, la cause de l'esclavage est perdue.

Devons-nous intervenir? Telle est la question que M. de Gasparin traite dans un nouvel ouvrage, écrit avec la même chaleur et la même élévation que le premier. *L'Amérique devant l'Europe* est une revue des événements qui ont rempli la première année de la guerre civile ; c'est aussi un examen de conscience fait au nom de l'Europe et avec une entière sincérité. Revenir sur le passé est chose désagréable à ceux qui n'ont d'autre souci que de suivre la fortune, et pour qui le succès fait le droit ; c'est chose nécessaire à quiconque raisonne ses jugements et sa conduite. En Angleterre et en France, l'industrie souffre cruellement de la crise américaine ; lui porter secours est le vœu de tout le monde ; par malheur, on n'a pas trouvé le remède. Nous sommes en face d'empiriques qui, si on les écoutait, nous pousseraient dans une voie pleine d'injustice et de danger. Le moment est venu de se recueillir et de chercher quel est ici le droit et peut-être aussi le devoir de la France. Ce n'est pas là un simple objet de curiosité ; l'opinion décidera de la paix ou de la guerre ; notre avenir et celui de l'Amérique sont engagés. En pareil cas, chacun doit défendre énergiquement ce qu'il croit la bonne cause. Peu importe le talent ; quand l'intérêt de la France est en jeu, le devoir fait la vocation.

Dans cette revue du passé, dans cet exposé de la situation présente, je suivrai M. de Gasparin ; je joindrai à son ouvrage l'excellent livre que vient de publier M. Georges Fisch, *les Etats-Unis en 1861*. L'auteur arrive d'Amérique ; il a beaucoup vu, et il a bien vu. Ces pages solides, *breves quidem, sed succi plenæ*, donnent le secret de la vie et de la grandeur américaine ; elles donnent aussi le secret d'une jalousie trop répandue en Europe. Une démocratie paisible et prospère, un monde où la liberté fait des merveilles, c'est là, pour certaines gens, un scandale et un remords. Ne leur dites pas que depuis soixante-quinze ans les Etats-Unis ont joui en paix d'une admirable Constitution, qu'ils ont résolu les questions qui nous troublent, qu'il n'y a pas de peuple plus avancé dans la pratique du libre gouvernement. Séparation de l'Eglise et de l'Etat, religion vivante, charité libre et féconde, éducation populaire portée au plus haut degré de perfection, indépendance communale, liberté d'association, liberté de la presse, liberté individuelle, prodiges d'une industrie que rien ne gêne, petits budgets, faibles armées : toutes ces conquêtes de la civilisation chrétienne offusquent des politiques qui ont des yeux pour ne rien voir. Leur réponse est tout prête : *Peut-il venir quelque chose de bon de Nazareth ?* Dédain ridicule, mais qui coûtera cher à l'Europe, si elle écoute ces importants, si elle oublie qu'il y a aujourd'hui dans le Nord vingt et un millions d'hommes libres, qui ne le cèdent ni en énergie, ni en patriotisme, ni en ressources à leurs frères du vieux continent.

Pour perdre le Nord dans l'estime de l'Europe, on n'a imaginé rien de mieux que de nier les causes de la guerre et d'affirmer le contraire de la vérité. Ce qu'on voit, ce qui crève les yeux est une illusion ; c'est ce qu'on ne voit pas qui est le fin et le beau. Il y a en Angleterre et en France toute une école de diplomates improvisés qui a le secret des choses, et qui, en outre, a la bonté de railler notre ignorance et de refaire notre éducation. En face des prodigieuses assertions qu'on jette chaque matin au public, M. de Gasparin n'est pas maître de sa tristesse : *Combien de temps,* s'écrie-t-il avec une douloureuse ironie, *combien de temps faut-il pour qu'une erreur devienne une vérité ?* Je l'ignore ; mais il dépend de nous de retarder et peut-être d'empêcher cette métamorphose. Rétablissons les faits, accumulons les preuves, ne craignons pas de faire chaque jour les mêmes réponses à des objections qui, pour être sans cesse répétées, n'en sont pas plus sérieuses, et laissons faire au temps et à la publicité. Le peuple français est moins naïf qu'on ne suppose ; les sophismes l'amusent, les paradoxes ne lui déplaisent pas ; mais, pour l'entraîner dans une politique d'aventures, il n'est pas inutile de lui montrer qu'on a raison. Quarante ans de travail et d'industrie nous ont appris qu'on ne mène pas les affaires avec du bel esprit ; il y faut cette maîtresse force qu'on appelle le bon sens, ou, sous un autre nom, la vérité.

Au début de la guerre, l'opinion générale en Europe a été, que l'esclavage était la cause de la rébellion et que les Etats du Sud n'avaient constitutionnellement aucun droit de se séparer. C'était la condamnation du Sud. Si, en effet, l'esclavage est l'unique raison de cette guerre civile, dont nous souffrons, comment l'Europe libérale pourrait-elle s'intéresser à un peuple qui, en pleine civilisation, en un temps où la morale du Christ n'est pas morte, ose arborer le drapeau de l'esclavage, et recommencer la société païenne, en fondant la grandeur d'une poignée d'hommes sur l'éternelle misère d'une race asservie? Et, d'un autre côté, si les gens du Sud sont des mécontents qui, sans autre grief que leur ambition menacée, ont porté sur la patrie des mains criminelles, comment le vieil honneur français prendrait-il parti pour des hommes qui ont manqué au premier, au plus saint devoir du citoyen? Rompre l'unité nationale, c'est un crime en France; ce ne peut pas être une vertu en Amérique.

Les faits étaient écrasants, on les a niés. En commençant la révolte, le Sud a pris pour mot d'ordre : *sainteté et perpétuité de l'esclavage;* pour l'Europe, ce mot d'ordre a disparu. Le maintien de l'esclavage s'appelle aujourd'hui : *résistance à la suprématie du Nord.* Suivant la Constitution, la rébellion était sans excuse ; nous avons d'habiles légistes qui ont lu le droit de séparation dans la loi d'Union, établie par Washington et ses amis. Rompre à son caprice un contrat perpétuel, juré et accepté, il y a soixante-quinze ans, par le peuple des Etats-Unis, est devenu pour le Sud l'exercice d'un droit constitutionnel. Les anciens n'avaient pas tort lorsqu'ils définissaient la rhétorique l'art de plaider les apparences et qu'ils renvoyaient à une science plus sérieuse la recherche de la vérité.

LES ÉTATS-UNIS

ET

LA FRANCE

I

L'esclavage est la vraie cause de la rébellion.

Rétablissons les faits, ils ont une éloquence et une force que rien ne surmonte.

L'opinion ne s'est pas trompée en pensant que l'esclavage était la vraie cause de la guerre civile. Un jour est venu où le Nord, las d'être assujetti, depuis trente ans, à une politique honteuse, a déclaré, en élisant M. Lincoln, que la servitude ne ferait plus de nouveaux progrès en Amérique. Ce jour-là, sans doute, le Nord n'est point intervenu dans les *institutions domestiques* du Sud ; il n'avait point le droit d'affranchir des nègres qui ne lui appartenaient pas, ni de changer des lois qu'il n'a point faites ; il a dit simplement à l'esclavage : Tu n'iras pas plus loin. Mais, avec l'instinct des privilégiés, le Sud a senti que si la servitude ne grandissait plus, elle était morte. Au lieu de se résigner à une émancipation lointaine, les planteurs ont pris les armes et pro-

clamé une séparation qui, depuis trente ans, était leur perpétuelle menace, l'instrument d'une ambition que nulle
concession n'a rassasiée. Aussitôt qu'ils n'ont plus été les
maîtres, aussitôt que par le libre jeu des institutions le Nord
a eu pour lui une majorité constitutionnelle, les politiques
du Sud ont déchiré le contrat qui les gênait. L'Union pour
eux n'avait qu'un sens : prépondérance de l'esclavage ; dès
qu'elle ne leur servait plus à propager la servitude, ils l'ont
brisée sans scrupules et sans remords. Voilà ce qu'on appelle une patriotique résistance au despotisme du Nord,
une guerre où l'esclavage n'est qu'un prétexte ! Jamais la
violence ne s'est cachée sous des noms plus innocents et
plus doux.

Des preuves ! dira-t-on. Ces preuves surabondent. Depuis
trente ans, le Sud est en conspiration perpétuelle ; depuis
trente ans, il n'a que deux mots à la bouche : Toute-puis-
sance de l'esclavage ou séparation ; depuis trente ans, l'histoire des Etats-Unis est l'histoire des menaces et des empor-
tements du Sud, des concessions et des faiblesses du Nord.
Il y a vingt-cinq ans que Channing prédisait ce qui se passe
aujourd'hui ; il y a trente ans qu'un roman publié par un
homme du Sud, et intitulé : *le Chef des Partisans*, annon-
çait le triomphe de l'esclavage et la séparation pour 1861.

En 1830, qui donc proclama le premier la légitimité de
l'esclavage et le droit de *nullification*, c'est-à-dire de séparation? L'apôtre du Sud, l'homme dont les idées fatales
lèvent aujourd'hui dans le sang, M. Calhoun.

Alors aussi, par crainte de l'opinion, on parlait de tarif,
mais sans tromper personne. Le président Jackson, qui
étouffa le premier germe de rébellion par sa décision et
son énergie, écrivait en 1833, avec un pressentiment
trop sûr : « Le tarif n'est qu'un prétexte : la désunion,
« l'établissement d'une Confédération du Sud, voilà l'objet

« réel. Le prochain prétexte sera la question des nègres ou
« de l'esclavage [1]. »

Qui a lancé des bandes d'aventuriers sur le Texas? Qui,
au mépris du droit des gens, au mépris de l'humanité, a
replanté l'esclavage sur cette terre affranchie par les Mexi-
cains? Le Sud.

Qui a poussé Walker et ses flibustiers sur le Nicaragua,
Lopez sur la Havane? Qui a déclaré que Cuba était nécessaire à l'Amérique, pour y faire quatre nouveaux Etats à
esclaves? Qui a déclaré que l'affranchissement des nègres
dans l'île espagnole serait considéré comme une déclaration de guerre? Le Sud.

En 1850, qui s'est opposé à l'admission de la Californie
comme Etat libre, parce que cette admission mettait en minorité les Etats à esclaves et que les étoiles de la liberté ne
devaient point éclipser les étoiles de la servitude? Le Sud [2].

Qui a fait rendre la loi contre les esclaves fugitifs, loi
barbare qui saisissait ces misérables sur une terre de liberté,
loi honteuse qui forçait les officiers d'un peuple libre à se
faire les geôliers de la servitude? Le Sud.

Qui, après avoir imposé en 1820 le compromis du Missouri, l'a fait abolir en 1850, parce qu'il gênait l'extension
de l'esclavage? Le Sud.

Qui a envahi le Kansas, chassé et tué les libres planteurs,
afin de réduire le Kansas au rang d'Etat à esclaves? Le Sud.

---

[1] *The rebellion, its origin*, etc., by C. Sumner. New-York, 1861.

[2] « En 1850, les Etats étaient au nombre de trente, exactement divi-
sés entre les deux partis (esclavage et liberté), de sorte que l'admission
de la Californie donnait la majorité (dans le Sénat) aux Etats sans esclaves. La discussion dura quatre mois, et, chose extraordinaire, qui ne
se voit qu'aux Etats-Unis, elle fut traitée tous les jours, et tous les jours
il y eut au Sénat un discours au moins sur cette question, sans que le
public et l'Assemblée s'en montrassent fatigués. Le plus remarquable de

Qui a fait rendre l'arrêt Dred Scott, cet arrêt célèbre qui autorise le planteur à transporter partout où il voudra ses esclaves, comme ses chevaux et ses chiens, sans que la loi municipale puisse en rien gêner ni affaiblir le privilége du maître ? Qui a, de cette façon, porté la servitude au milieu même des Etats libres ? Le Sud.

En 1856, lorsque l'élection du colonel Frémont semblait assurée, qui s'est écrié : « Foulez aux pieds la Constitution « des Etats-Unis, formez une Confédération méridionale « dont chaque membre sera un Etat à esclaves. Si Frémont « est élu, je suis d'avis que le peuple du Sud se lève dans « sa majesté, au-dessus des lois et des magistrats, saisis- « sant le pouvoir de ses propres mains, et posant la forte « main des hommes libres du Sud sur le trésor et les ar- « chives du gouvernement[1] ? » C'est le représentant Brooks, ce terrible dialecticien qui réfutait l'honorable M. Sumner en l'assommant ; c'est le héros auquel le Sud reconnaissant décernait une canne d'honneur en récompense de ses exploits.

ces discours fut celui de M. Calhoun, sénateur pour la Caroline du Sud. Ce fut son testament politique. Il était mourant quand il le composa, et il le fit lire par un de ses collègues. Ce discours se terminait par une prosopopée qui était une véritable prophétie. C'était un appel à la séparation conçu en termes si énergiques, que, si l'auteur eût vécu, on peut dire que cette séparation eût eu lieu *ipso facto*. »

« J'arrivais à Washington, et je fus témoin des obsèques de M. Calhoun. Le Congrès assistait, morne et silencieux, à cette cérémonie, et, dans ce moment solennel, un Français, qui depuis longtemps habitait les Etats-Unis, me dit : *Vous venez, monsieur, d'assister aux funérailles de l'Union.* » (*La crise américaine*, par M. Sain de Boislecomte, ancien ministre de la République française aux Etats-Unis, p. 45. Paris, 1862.)

En d'autres termes, du jour où le Sud a craint de perdre sa prépondérance politique, il a décidé de rompre l'union.

[1] *L'Amérique devant l'Europe*, p. 231.

Qui a déclaré que si M. Lincoln était élu, l'Union ne devrait pas durer une heure de plus? Le Sud.

Quel était le programme de M. Lincoln? Parlait-il de tarif? menaçait-il l'indépendance intérieure des Etats? Non; ce programme tout constitutionnel portait simplement : « Point d'extension de l'esclavage au delà de ses frontières actuelles; plus d'admission de nouveaux Etats à esclaves dans l'Union; adoption de mesures efficaces contre la traite, modification de la loi sur les esclaves fugitifs, dénonciation de l'arrêt Dred Scott, qui transforme les Etats libres en Etats à esclaves. »

En face de ce programme, quel était celui de M. Breckinridge, le candidat du Sud? « L'esclavage sera national et non plus *sectionnel;* en d'autres termes, il sera reconnu par la Constitution : il s'étendra dans les nouveaux territoires, suivant le vœu des populations, autant que s'étendra l'Union. Aucun Etat ne pourra empêcher le transit des esclaves ; la loi des esclaves fugitifs sera renforcée. »

Peut-on nier ces faits? Non, à moins d'effacer l'histoire de trente ans. L'esclavage, partout et toujours, et à la suite de l'esclavage la menace de la séparation, voilà depuis M. Calhoun le fantôme qui obsède les Etats-Unis. Clay et Webster ont usé leur génie et leur vie à chercher des compromis impossibles; Channing et Parker ont annoncé que ce cancer rongerait et tuerait l'Union ; les hommes les plus distingués de la génération vivante, Everett, Bancroft, Sumner, ont répété les terribles prophéties de Channing ; la candidature de Frémont, comme celle de Lincoln, n'a eu qu'un sens : limiter et concentrer la servitude. Tout l'effort de l'opinion, dans le Sud comme dans le Nord, n'a pas eu d'autre objet que de préparer le triomphe de la politique de liberté ou de la politique d'esclavage. On a mis trente ans à charger cette mine qui vient d'éclater, et qui en éclatant emporte la république ; et le lendemain du désastre il se trouve en Europe des publicistes pour nous annoncer en style d'oracle que nous sommes dupes des apparences et qu'on s'égorge pour un tarif. En vérité, c'est trop compter sur la force de son imagination et sur la bonhomie du public.

Enfin le Sud jette le masque et menace de se séparer, à moins que, sur l'heure, on ne cède à ses exigences ; si le tarif en est la cause, c'est le moment de protester contre l'avidité du Nord ; point du tout ; il n'est question que de l'esclavage. Dans le premier enivrement, on ne songe pas à l'Europe, on parle à cœur ouvert.

Il y a, à Washington, un président qui s'est livré corps et âme aux planteurs ; avant de quitter le pouvoir, il adresse un dernier appel à la nation ; il supplie le Nord de tout accorder pour éviter la ruine de l'Union. Dans cette dernière prière, dans cette sommation solennelle, M. Buchanan va sans doute reprocher au Nord son âpreté, lui demander de réformer un tarif oppresseur ; il ne parlera point de l'esclavage, puisque l'esclavage, si l'on en croit les habiles, n'est pour rien dans la séparation. Écoutons ses paroles :

« Pendant toute l'année (1860) le pays a été éminemment prospère en tout ce qui touche à ses intérêts matériels... L'abondance a régné d'un bout du territoire à l'autre. Notre commerce et nos manufactures, poussés avec une industrieuse énergie, ont donné de grands bénéfices ; aucune nation n'a jamais présenté le spectacle d'une prospérité matérielle plus grande que celle dont nous avons joui jusqu'à ces derniers temps.

« Pourquoi donc règne-t-il aujourd'hui un mécontentement si universel ? Pourquoi l'Union des États, qui est la source de ces bénédictions, est-elle menacée de destruction ?

L'immixtion prolongée et sans ménagement du peuple du Nord dans la question de l'esclavage a produit à la fin ses conséquences naturelles..... J'ai depuis longtemps prévu et souvent signalé à mes concitoyens le danger qui est maintenant imminent. Ce danger ne provient pas seulement de la prétention du Congrès à exclure des territoires l'esclavage ; il ne provient pas seulement des efforts de différents États pour entraver l'exécution de la loi des esclaves fugitifs... Le danger immédiat naît surtout du fait, que la violente et incessante agitation de la question de l'esclavage dans tout le Nord, pendant le dernier quart de siècle, a enfin *exercé son influence maligne sur les esclaves, et leur a inspiré de vagues notions de liberté.* Au Sud, la sécurité ne règne plus autour du foyer domestique... *Si l'appréhension augmente, la désunion deviendra nécessaire,* etc.

« Tenons-nous pour avertis à temps, et faisons disparaître la cause du danger... Combien il serait aisé au peuple américain de régler une fois pour toutes la question de l'esclavage, et de rendre la paix et la concorde à ce pays aujourd'hui en proie aux dissensions. »

Que faut-il donc faire pour éviter une révolution menaçante ? Suivant M. Buchanan il suffit d'insérer un amendement dans la Constitution qui : 1° reconnaisse expressément le droit de propriété sur les esclaves ; 2° réserve aux populations des territoires le droit d'établir ou de rejeter l'esclavage ; 3° sanctionne la poursuite des fugitifs dans les États libres, et déclare que toute loi municipale portant atteinte à ce droit est une violation de la Constitution. En d'autres termes, consacrer à tout jamais la servitude, en faire la pierre angulaire de la Constitution, c'est le seul moyen de sauver l'Union.

Voilà le testament politique du dernier président de l'Union. De quoi parle cette pièce décisive, sinon de l'esclavage, et seulement de l'esclavage? En vérité, quand en Europe certains journaux vous jettent à la tête des arguments comme le tarif, on est tenté de dire, avec un personnage de comédie : De qui se moque-t-on ?

La révolution éclate. Le Sud déclare qu'il gardera la Constitution fédérale, et certes c'est ce qu'il pouvait faire de mieux ; il n'y change que deux articles, mais ces deux articles en disent long sur la cause de la rébellion. On déclare que les Etats souverains auront toujours le droit de se retirer de la nouvelle Confédération, preuve certaine qu'on n'a pas trouvé ce droit dans l'œuvre de Washington ; on ajoute, comme le proposait M. Buchanan, que l'esclavage sera reconnu et protégé dans tous les Etats et territoires ; ce ne sera plus une institution particulière, *sectionnelle*, ce sera la loi commune du nouvel empire. Voilà comment l'esclavage n'est pour rien dans la révolution.

Reste-t-il quelques doutes dans l'esprit du lecteur? Croit-il encore à la fable du tarif? Ecoutons M. Stephens, aujourd'hui vice-président de la Confédération du Sud, et le plus éloquent de ses orateurs :

« Notre Constitution nouvelle vient enfin de résoudre
« toutes les questions émouvantes qui se rapportaient à
« *nos institutions particulières*. L'esclavage a été la cause
« immédiate de la dernière rupture et de la révolution ac-
« tuelle. Jefferson avait bien prévu que sur cet écueil se
« briserait un jour la vieille Union. Il avait raison... L'idée
« dominante admise par lui et par la plupart des hommes
« d'Etat de son temps a été que l'esclavage de la race afri-
« caine était une violation des droits de la nature... Mais
« ces idées étaient fondamentalement fausses ; elles repo-
« saient sur l'égalité des races. C'était une erreur ; les
« fondements de l'édifice reposaient sur le sable. Notre
« nouveau gouvernement est basé sur des idées toutes con-

« traires. Ses fondations sont placées, sa pierre d'angle
« repose sur cette grande vérité, que le nègre n'est pas
« l'égal du blanc, que l'esclavage, la subordination à la
« race supérieure est sa condition naturelle et morale.
« Notre gouvernement est le premier dans l'histoire du
« monde qui repose sur cette grande vérité physique, phi-
« losophique et morale... Le nègre, en vertu de sa nature,
« et par suite de la malédiction de Cham, est fait pour la
« position qu'il occupe dans notre système. *Cette pierre*
« *que ceux qui bâtissaient ont rejetée* est devenue la pierre
« angulaire de notre nouvel édifice[1]. »

Je crois qu'il n'est pas besoin d'être un chrétien fervent
pour se sentir révolté par cet abus sacrilége d'une des plus
grandes paroles de la Bible ; mais l'esclavage est un poison
qui enivre le maître ; il a corrompu jusqu'à la religion. Les
Eglises du Sud parlent comme M. Stephens. A toutes les
pages de l'Evangile elles lisent la justification de la servitude. Ce n'est plus le divin crucifié qu'elles adorent, c'est
l'esclavage.

Voici, par exemple, comment l'un des grands docteurs
en théologie du Sud, le révérend Palmer, prêche l'Evangile
dans son église de la Nouvelle-Orléans :

« Faut-il que je m'arrête à vous prouver que l'esclavage
« est la base de nos intérêts matériels, que notre richesse
« consiste dans des terres et dans ceux qui les cultivent, et
« que par la nature de nos produits il nous faut un travail
« qui puisse être contrôlé ?... Ceci établit la solennité du
« mandat que nous avons reçu et qui consiste à perpétuer
« et à étendre notre système de servitude, en lui donnant
« le droit d'aller et de prendre racine partout où la nature
« et la Providence peuvent le transporter. Nous nous ac-

---

[1] *L'Amérique devant l'Europe*, p. 239.

« quitterons de ce droit en face des dangers les plus terri-
« bles. Quand la guerre serait la réunion de tous les maux,
« s'il faut en appeler à l'épée, nous ne reculerons pas de-
« vant le baptême de feu, et nous ne laisserons tomber
« cette épée que lorsque notre dernier soldat aura suc-
« combé derrière le dernier rempart. La position du Sud
« en ce moment est sublime. S'il reçoit de Dieu la grâce
« de connaître son œuvre, il se sauvera lui-même en sau-
« vant l'Amérique et le monde. S'il se lève maintenant
« dans sa majesté, il éloignera pour toujours la malédic-
« tion qui le menace. S'il succombe, il laissera cette ma-
« lédiction en héritage à la postérité [1]. »

Est-ce là une déclamation isolée, la folie ou la haine d'un théologien? Non, c'est la voix des Eglises du Sud. Elles ont canonisé l'esclavage [2]. Presbytériens, baptistes, métho- distes, épiscopaux du Sud ont rompu avec leurs frères du Nord. Il y a maintenant aux Etats-Unis un christianisme libre et un christianisme servile. D'où vient cette rupture? D'une question de tarif ou de suprématie? Non. L'Eglise n'épouse point les querelles du siècle. La lettre des synodes presbytériens du Sud, adressée *à toutes les Eglises qui sont sur la terre*, nous dira l'origine et la cause de ce schisme, sorti d'un dogme nouveau : la sainteté de l'esclavage.

« L'antagonisme entre le Sud et le Nord au sujet de l'es-
« clavage est à la racine de toutes les difficultés qui ont

---

[1] *Les Etats-Unis en 1861*, p. 208.

[2] Dans mes *Etudes morales et politiques*, j'ai fait l'histoire de l'escla- vage aux Etats-Unis; on y trouvera les preuves de la dépravation d'idées qui a amené la révolution présente. Depuis vingt ans, les législateurs et les pasteurs du Sud parlent comme M. Stephens, et proclament la grandeur et la sainteté de l'esclavage. Voir aussi dans l'ouvrage de M. Fisch, *les Etats-Unis en 1861*, le chapitre IX, intitulé : *l'Esclavage aux Etats-Unis*.

« amené la rupture de l'Union fédérale et les horreurs
« d'une guerre contre nature. Il est certain que le Nord
« nourrit une profonde antipathie pour l'esclavage, tandis
« que le Sud est animé d'un zèle égal en faveur de cette
« institution. Les événements confirmeront et fortifieront
« nécessairement d'un côté cette antipathie, de l'autre ce
« zèle pour l'esclavage [1]. »

Les synodes en concluent qu'il faut se séparer d'une secte
ennemie ; c'est leur droit. Mais qu'ils ne se fassent pas illusion ; ce n'est pas seulement avec le Nord qu'ils ne sont
plus en communion, c'est avec les Eglises de toute la terre.
L'Evangile où ils lisent la consécration de la servitude
n'est pas celui du Christ.

Dites maintenant s'il y a quelque chose de plus vrai que
les éloquentes paroles de M. Sumner :

« Contemplez la guerre, étudiez-la de tous côtés, vous
« verrez toujours l'esclavage comme cause unique de ses
« maux. Jamais les paroles de l'Orateur romain n'ont été
« plus applicables : *Nullum facinus extitit nisi per te, nullum
« flagitium sine te* [2]. L'esclavage est la cause de la guerre,
« il en est la puissance, la fin, le but, le tout. On a souvent
« dit que la guerre mettra fin à l'esclavage ; cela est pro-
« bable ; mais ce qui est plus sûr encore, c'est que l'abo-
« lition de l'esclavage mettrait fin à la guerre [3]. »

A ces terribles arguments, à cet arrêt que le Sud a prononcé contre lui-même, qu'oppose-t-on ? Un sophisme. On
déplace la question ; cela est plus aisé que d'y répondre.
La preuve, dit-on, que l'esclavage n'est point la cause de
la séparation, c'est que jamais le Nord n'a voulu abolir la
servitude ; en ce moment même il hésite à proclamer l'é-

---

[1] *L'Amérique devant l'Europe*, p. 515.

[2] Aucun forfait n'existe que par toi, aucune infamie sans toi.

[3] *L'Amérique devant l'Europe*, p. 262.

mancipation. Admirable raisonnement dont on ne soupçonne guère la portée ! Comment les avocats du Sud ne voient-ils pas que si on accepte leur prétention, leur client est perdu ? Quand vous prouverez que jamais le Nord n'a voulu affranchir les nègres, en sera-t-il moins vrai que l'esclavage a été pour le Sud le seul motif de la séparation ? Cette conspiration de trente ans, dont se glorifient les hommes d'Etat de la Caroline [1], sera-t-elle légitime parce qu'elle sera sans excuse ? L'ambition est-elle d'autant plus noble qu'elle viole sans raison le plus saint des contrats, et n'a pas même un prétexte pour colorer sa violence ? Le Sud est accusé d'avoir rompu l'Union afin de pouvoir tout à son aise étendre et perpétuer la servitude ; comment se justifie-t-il de ce double attentat contre la patrie et contre l'humanité ? Dément-il les faits qui l'accablent ? Rétracte-t-il les paroles qu'il a prononcées, les actes qui le condamnent ? Non ; il répond qu'il n'avait rien à craindre du Nord. Est-ce là une défense ? Croit-on qu'en Europe la conscience publique soit tellement émoussée qu'elle ne sente point que la faiblesse du Nord n'est point la justification du Sud ?

Voyons maintenant ce qu'ont fait les Etats libres. Je ne suis point leur avocat, je n'approuve pas de tout point leur conduite passée ; mais je ne puis m'empêcher de dire qu'on les combat avec un artifice usé depuis longtemps. Dans toute révolution, le parti qui a tort ne manque jamais d'accuser ses adversaires de tout le mal qu'il fait. Les mots changent de sens : la vertu devient crime, la résistance

---

[1] « L'élection de M. Lincoln, ou la non-exécution de la loi des fugi-
« tifs, n'est pour rien dans la séparation. C'est une affaire qui grossit et
« se prépare depuis trente ans. » Paroles de M. Rhett, ancien sénateur,
dans la convention de la Caroline. Au premier moment d'ivresse, chacun
s'est vanté d'avoir conspiré depuis trente ans. Voir les preuves données
par M. Sumner, *The rebellion, its origin*, p. 7.

oppression. Défendre les lois, c'est violence ; maintenir la Constitution, c'est tyrannie. « De l'audace, et toujours de « l'audace, » disait Danton. J'ose croire que cette devise a fait son temps. Soixante ans d'expérience nous ont guéris de notre crédulité.

— Le Nord, dit-on, n'a jamais voulu supprimer l'esclavage dans le Sud.

Si l'on parle du Nord constitutionnel, du Nord représenté dans le Congrès, on dit vrai. Jamais le gouvernement de l'Union, jamais le Congrès n'a encouragé les abolitionnistes. Jamais on n'a présenté aux Chambres de Washington une loi qui abolit la servitude. La raison en est simple et fait honneur aux États-Unis : la Constitution s'opposait à une pareille mesure ; le Nord s'inclinait devant la Constitution comme devant l'arche sainte. En 1787, les treize États indépendants ont abdiqué leur souveraineté politique entre les mains du Congrès ; mais ils se sont réservé la souveraineté civile et administrative ; ils sont restés maîtres de leurs lois et de leurs institutions particulières. L'esclavage était une de ces institutions. Personne ne pouvait donc abolir la servitude dans la Caroline que les représentants de la Caroline ; c'est un point qui n'a jamais été contesté. M. Lincoln, en acceptant la présidence, a déclaré, comme ses devanciers, qu'il ne toucherait point aux lois des États et qu'il maintiendrait la Constitution. Que des âmes ardentes reprochent aux Yankees cet amour de l'Union, ce culte de la loi qui leur a fait ménager l'esclavage, auquel légalement ils n'avaient pas le droit de toucher, je le comprends ; mais en quoi la tolérance, ou, si l'on veut, l'inertie du Nord, peut-elle justifier la conduite du Sud ? Est-ce parce que le Nord respectait la Constitution que le Sud avait le droit de la violer ?

— Dans les États libres, ajoute-t-on, les nègres sont repoussés par l'opinion; ils sont plus maltraités et plus malheureux que les esclaves dans le Sud.

Il est vrai qu'au Nord un préjugé indigne d'un peuple chrétien regarde les noirs comme une race flétrie par la servitude et refuse de les traiter en citoyens. Il est vrai qu'à la Nouvelle-Orléans le planteur se plaît quelquefois aux jeux de ses esclaves comme à ceux de ses chevaux ou de ses chiens, tandis qu'à New-York le blanc repousse le nègre. Mais a-t-on consulté l'esclave pour lui demander si, malgré tout, il n'envie point ses frères du Nord? Compte-t-on pour rien le droit d'être maître de sa personne, de sa femme, de ses enfants, de son travail et de ses biens? Et enfin que prouve cet argument? Est-ce par amour des nègres du Nord que le Sud s'est séparé?

— C'est, dit-on encore, c'est de New-York et de Boston que partaient les bâtiments de traite. Le Nord, qui fait sonner si haut son amour de la liberté, était le pourvoyeur de la servitude.

Qu'est-ce que cela prouve, sinon qu'il y a partout d'infâmes spéculateurs, prêts à se jouer de la vie et du sang des hommes pour assouvir leur convoitise? Ce crime, qui profitait au Sud, ce crime de quelques pirates isolés est une tache pour le peuple qui l'a souffert; mais quelle conclusion en peut-on tirer? Est-ce pour venger cette abomination que le Sud s'est soulevé?

Laissons de côté ces récriminations, qui ne peuvent tromper personne; voyons les choses telles qu'elles sont. Ce qu'a voulu le Nord, c'est que l'esclavage ne grandit pas; c'est qu'il restât dans les limites où il est enfermé, c'est qu'il mourût peu à peu, et de sa belle mort. Voilà la vraie, la seule cause de la rébellion; voilà le crime ou la gloire de M. Lincoln et de son parti. Aller plus loin, ils n'en avaient pas le droit; et d'ailleurs, suivant une belle et profonde parole de Mme Beecher Stove, *une immense pitié les arrêtait*. Emanciper en un jour quatre millions d'hommes, c'était lancer le Sud dans un inconnu qui fait trembler. Mais, à la différence des beaux esprits, qui reprochent au Nord sa faiblesse et proclament l'émancipation immédiate et universelle au nom des principes, pour réclamer la perpétuité de l'esclavage au nom des intérêts, M. Lincoln et ses amis sont entrés avec autant de résolution que de sagesse dans la seule voie qui fût tout ensemble constitutionnelle et sûre. Circonscrire le fléau afin de le réduire et de le supprimer peu à peu, telle a été la pensée de ces hommes de bien, pensée grande, féconde, et qui peut-être méritait autre chose que l'indifférence ou le dédain de peuples qui se disent chrétiens.

En rompant avec la politique d'esclavage, en nommant un président libéral, le Nord avait-il des visées aussi hautes? Que les faits répondent. Voyons comment, depuis un an, le Congrès a servi la cause de la liberté.

Le siége du gouvernement fédéral, le district de Colombie, détaché du Maryland, voisin de la Virginie, était resté soumis à la servitude. Le Sud ne voulait pas souffrir une oasis de liberté, un lieu de refuge entre deux pays d'esclaves. Des nègres vendus au pied du Capitole américain, c'était un scandale que depuis trente ans on n'avait pu abolir. Le Congrès vient d'affranchir le district de Colombie.

Le Sud entendait porter l'esclavage sur les territoires, vastes déserts où chaque jour pénètrent la culture et la civilisation. Le Congrès a donné tous les territoires à la liberté. C'est enfermer l'esclavage dans un cercle qu'il ne franchira plus.

L'émancipation effraye les maîtres ; c'est la perte d'une propriété, peu respectable sans doute, mais consacrée,

comme tous les abus, par le temps, l'habitude et les intérêts qui y sont engagés. Le Congrès offre aux Etats de contribuer par un prix considérable au rachat des nègres. C'est
le peuple entier des Etats-Unis qui payera au Sud la rançon
de la liberté.

Reconnaître des droits aux noirs libres, même en dehors
des Etats-Unis, c'était une idée que l'orgueil du Sud repoussait comme un outrage. Quoiqu'on fît avec Haïti un
commerce plus considérable qu'avec la Russie, jamais l'ancien gouvernement n'a eu de consuls près des peuples noirs.
Traiter des nègres comme des hommes et des chrétiens,
recevoir peut-être un envoyé noir à Washington, c'était une
honte dont la seule pensée révoltait les planteurs. Le Congrès vient de décider qu'il reconnaîtrait Haïti et Libéria.

Couverte par le pavillon américain, la traite s'exerçait
avec impunité. En exaltant la jalousie nationale, on avait
empêché le droit de visite, seul moyen d'en finir avec cette
piraterie. Le Congrès a ratifié le traité fait avec l'Angleterre pour la suppression de cet abominable trafic.

A l'intérieur, où la justice était entre les mains des démocrates, fidèles amis du Sud, les négriers étaient scanda-
leusement acquittés. Sous la présidence de M. Lincoln, on
les condamne et on les pend. Nous voilà loin des confé-
rences d'Ostende et des menaces contre Cuba.

Enfin un pas énorme a été fait le jour où on a décidé
qu'en vertu du droit de la guerre on emploierait au service
de l'Union les nègres des rebelles [1], et que cet emploi leur
vaudrait la liberté. C'est un coup terrible porté au Sud.

---

[1] « Un autre projet (présenté au Congrès confédéré par le président
« Jefferson Davis) établit que les corps d'armée fédéraux, composés de
« blancs et de nègres, ne jouiront pas des priviléges (lisez : *des droits*) de
« la guerre. *Les nègres pris seront vendus et leurs commandants pendus.* »

En cultivant la terre, tandis que toute la population libre et active va combattre, les nègres aident indirectement à la force militaire des planteurs ; émanciper les noirs et au besoin les armer, c'est affaiblir l'ennemi et fortifier la liberté.

Voilà ce que le Congrès a fait depuis le jour de la rébellion. En un an, le Nord, maître de lui-même, a montré ce qu'il avait dans le cœur. Quelle que soit l'issue de la guerre, on peut affirmer que l'année 1861 ouvre l'ère de l'émancipation. Une question qui met aux prises trente millions d'hommes du même sang n'est plus de celles qu'on étouffe par un compromis.

Qu'on ne crie pas aux représailles, à la vengeance, à la colère ! Qu'importent ces plaintes vaines ? En est-il moins vrai qu'aujourd'hui la cause du Nord est celle de la liberté ?

Tandis que le Nord dressait si fièrement son drapeau, le Sud que faisait-il ? Qui l'a empêché de rivaliser avec ses ennemis, afin de leur disputer la sympathie de l'Europe ? Où sont les mesures prises en faveur des nègres ? Où sont les gages d'une prochaine émancipation ? Car enfin, si le tarif est le vrai motif de la guerre, si la suprématie du Nord est la seule crainte des planteurs, l'occasion est belle pour jeter par-dessus bord ce fatal boulet de la servitude. Qu'on nous montre donc le programme et les engagements du Sud : c'est là ce qui peut lui donner l'opinion. Le Nord agit ; pourquoi le Sud garde-t-il un silence dont il ne peut se dissimuler le danger ?

Que le Sud ne se fasse pas illusion. Ses soldats sont braves, ses diplomates habiles ; il détient le coton dont l'Eu-

---

J'emprunte ce télégramme aux journaux français du 3 septembre. Il donne une idée assez juste du nouveau droit des gens qu'établira le Sud le jour où la cause de l'esclavage aura triomphé.

ropo a un besoin impérieux, il flatte certaines jalousies politiques en leur montrant le prochain démembrement des
Etats-Unis; mais, malgré toutes ces chances, le Sud sera
trompé dans son ambition. Il est possible que de guerre
lasse le Nord accepte la séparation de quelques Etats per-
dus entre les Alleghanys et la mer; mais ce nouvel empire
romain qui devait s'étendre jusqu'au Mexique, mais cette
nouvelle civilisation fondée sur l'esclavage, tout cela n'est
qu'un rêve qui s'évanouit, une bulle qui se dissipe au vent.
Pour réussir, il faudrait le secours de l'Europe ; ce secours,
on ne l'aura pas. Quelles que soient les souffrances de l'industrie, quels que soient les calculs des diplomates, il y a
un fait qui domine tout : c'est l'esclavage. La victoire du
Nord, c'est la rédemption de quatre millions d'hommes; le
triomphe du Sud, c'est la perpétuité, c'est l'extension de
la servitude avec toutes ses misères et toutes ses infamies.
Voilà ce que sent l'opinion, voilà ce qui arrêtera plus d'un
gouvernement. Cette foule que dédaignent les grands
politiques, mais qu'ils n'osent braver, ces fanatiques qui
croient à l'Evangile, ces cerveaux étroits qui ne comprem-
nent que la liberté, ces petits esprits qui s'attendrissent aux
douleurs d'un nègre inconnu, tout ce peuple sentimental
qui jette dans la balance son amour du droit et de l'humanité, finit toujours par l'emporter. Le monde appartient à
ces ignorants qui ne veulent rien entendre aux combinaisons de la politique, et qui font passer la justice et la charité avant leur propre intérêt. La conscience publique,
voilà l'écueil contre lequel le Sud se brisera.

Chez nous, Français, est-il possible que la cause de l'esclavage soit jamais populaire? Nos pères ont été en Amérique,
avec Lafayette et Rochambeau, pour y soutenir la liberté.
C'est là une de nos gloires nationales; c'est par ce service
rendu aux Etats-Unis que nous sommes là-bas des frères et

des amis. Effacerons-nous ce passé mémorable? Le nom français sera-t-il associé au triomphe du Sud, c'est-à-dire, quoi que nous fassions, à l'esclavage éternisé? Cela ne se peut pas. La France, dit-on, ne se bat jamais pour un intérêt, mais pour une idée. J'adopte cette fière devise, et, je le demande, si nous secourons le Sud, quelle est l'idée que nous défendrons?

II

Le Sud n'avait aucun droit de se séparer. La séparation est une révolution [1].

Avant d'en venir à la séparation, les planteurs croyaient s'être assurés de l'Europe : le coton et le libre échange, ces deux appâts irrésistibles, devaient mettre au service de la rébellion tous les intérêts du vieux continent. Vivant au milieu de l'esclavage, habitués à une domination héréditaire, les gens du Sud n'avaient pas compté avec ce qu'ils appellent le fanatisme abolitionniste. Pouvaient-ils imaginer qu'au siècle des affaires, il y eût encore en Europe une foule assez sotte pour faire passer le droit de misérables nègres avant son propre avantage, et pour se sacrifier à des mots aussi creux que ceux d'humanité et de liberté? Les avocats du Sud se sont aperçus qu'ils faisaient fausse route : aussi tirent-ils de suite le rideau sur cette triste tragédie de l'esclavage. Tout le monde hait la servitude, c'est maintenant chose convenue ; ceux-là surtout la détestent qui, par pitié

---

[1] Voir la note A.

pour l'incapacité du nègre, sont obligés de lui prendre indéfiniment son travail et de lui confisquer à tout jamais sa famille et ses droits.

C'est sur le terrain politique qu'on transporte la question. Le Sud ne réclame plus la tyrannie, mais l'indépendance ; ce n'est plus la liberté de millions d'hommes qu'il confisque, c'est la sienne qu'il défend. Certes, le champ est mieux choisi ; ces mots de liberté et d'indépendance nous font toujours dresser la tête : c'est le son de la trompette pour le cheval de guerre ; voyons seulement si on ne nous égare pas avec une vaine fanfare.

Les États-Unis, dit-on, sont une Confédération ; la Constitution autorise chacun des États à se séparer.

De ces deux arguments, l'un s'appuie sur un mot dont on fausse le sens ; l'autre repose sur une erreur.

Parlons d'abord du second. Il est facile d'ouvrir la Constitution des États-Unis. Le texte en est clair, les procès-verbaux du Congrès existent, le commentaire de Story est digne des jurisconsultes romains. Où voit-on qu'il soit permis à un ou à plusieurs États de se séparer? ou plutôt où ne voit-on pas que ce droit prétendu n'a jamais existé? Le pacte est perpétuel, et ne peut être modifié que par la majorité des États. C'est ainsi, du reste, que la loi constitutionnelle a été entendue jusqu'au jour où M. Calhoun, le prophète de l'esclavage et de la séparation, mit en avant sa théorie de la nullification. Le président, le général Jackson, repoussa énergiquement cette théorie de l'anarchie. Dans son message de 1833, il dit au Congrès : « Le droit « des habitants de se départir selon leur bon plaisir, et sans « le consentement des autres États, de leurs obligations les « plus solennelles, et de mettre en péril les libertés et le « bonheur des millions d'hommes dont se compose l'Union, « ne peut pas être reconnu. Dire qu'un État pourrait à vo-

« lonté se séparer de l'Union, c'est dire que les Etats-Unis
« ne sont pas une nation [1]. »

Telle était la réponse officielle ; mais, en outre, le général faisait dire à M. Calhoun que, s'il apportait ses théories
à Washington, il le ferait pendre. Menace qui, dans un pays
de liberté où la justice seule prononce, signifiait que le président ferait juger et condamner M. Calhoun comme cou-
pable de haute trahison. En d'autres termes, attaquer l'u-
nité nationale est un crime à Washington comme à Paris.
La loi est la même dans les deux pays.

Est-il besoin d'un texte légal pour prouver qu'ici-bas, et
pas plus entre les peuples qu'entre les individus, il n'existe
point de contrat qu'une des parties puisse rompre à son gré?
Prenez une alliance, un simple traité entre des nations in-
dépendantes et souveraines ; ce traité aura une durée certaine, il y aura des formes pour le dénoncer et pour l'annuler.
Où est la date et l'échéance de la Constitution? Où a-t-on
stipulé le droit étrange de le rompre par caprice et par
force ? Quel gouvernement a jamais admis ce *démembrement
amiable* où la minorité ferait la loi à la majorité? J'ai vu
dans mon enfance une marionnette qui jetait l'un après
l'autre ses bras, ses jambes et son corps, jusqu'à ce qu'il
ne lui restât plus que la tête, et qui alors ramassait pièce à
pièce ses membres épars : voilà l'image de la chimérique
Constitution qu'on prête aux Etats-Unis. Entre cette Charte
impossible et une loi viable, il y a la même différence
qu'entre une marionnette et un corps vivant.

On dira que la nouvelle Constitution du Sud reconnaît à
tous ses membres le droit de séparation. Oui, sans doute, il
fallait justifier la rébellion ; l'excuse qu'on ne pouvait trou-
ver dans la Charte qu'on violait, on l'a mise dans celle qu'on

[1] *L'Amérique devant l'Europe*, p. 308.

promulguait. En temps de guerre et de révolution, les dé-
clarations coûtent peu ; on se dispense de les exécuter.
Supposez qu'aujourd'hui la Caroline du Nord fasse retour
à l'Union, demandez-vous si le Sud, mutilé, séparera ses
deux tronçons et se laissera tuer par respect pour la liberté
de la Caroline. Déjà la Virginie s'est partagée, voit-on que
le Sud ait respecté le nouvel Etat de Kanawha? Les choses
sont plus fortes que les lois ; un peuple ne se laisse pas cou-
per en deux.

Un peuple, non, répondra-t-on ; mais les Etats-Unis ne
sont pas un peuple : c'est une Confédération, c'est-à-dire
une alliance volontaire d'Etats souverains.

C'est là une définition inventée pour les besoins de la
cause, contraire à toutes les idées reçues aux Etats-Unis, à
tous les faits accomplis depuis soixante-quinze ans. M. de
Gasparin répond d'une façon victorieuse à cette objection,
qui n'est qu'un sophisme. On joue sur le mot de confédération.

Le nom de confédération, comme celui de monarchie, de
république, etc., est susceptible de sens divers. Toute langue est un instrument imparfait, qui ne peut rendre les
nuances et les variétés infinies des conceptions humaines ;
nous sommes obligés d'exprimer par un même mot des
idées qui n'ont de commun qu'une lointaine analogie. C'est
l'usage, c'est l'histoire qui en chaque pays donne au mot sa
valeur et son empreinte légale. Il est visible, par exemple,
que le nom de liberté a une tout autre compréhension en
Angleterre que sur le continent. Dire que les Etats-Unis
sont une confédération, c'est donc ne rien dire, si l'on ne
montre en même temps ce qu'aux Etats-Unis on entend
par ce mot.

Qu'il y ait des confédérations d'Etats souverains, l'histoire
l'atteste, quoiqu'elle ne nous montre nulle part une alliance

qu'une des parties seule ait le droit de briser à son gré. Mais qu'il y ait aussi, sous le titre de confédération, un grand nombre de combinaisons politiques où la souveraineté des Etats est engagée, c'est ce qu'il est aisé de voir en regardant autour de soi.

Qu'est-ce que la Confédération germanique, sinon une alliance d'Etats souverains qui ne peuvent pas se désunir? Si demain la Hesse voulait sortir de l'Union, croit-on que la Diète ne l'obligerait pas d'y rester, fallût-il recourir aux armes? Voilà une première forme de Confédération qui condamne les prétentions du Sud. Mais c'est là un lien trop lâche pour les Allemands, qui chaque jour sentent mieux leur unité nationale ; aussi essaye-t-on de resserrer le nœud fédéral, en changeant le système d'Etats confédérés (*Staaten Bund*) en celui d'une confédération d'Etats (*Bunden Staat*); en d'autres termes, les Allemands veulent emprunter aux Etats-Unis cette Constitution qui met la souveraineté politique dans un pouvoir central et ne laisse aux Etats particuliers que l'indépendance civile. Croit-on que si l'Allemagne obtient un jour cette unité américaine qu'elle rêve depuis si longtemps, elle laissera déchirer une patrie conquise au prix de tant d'efforts?

Cette réforme, désirée en Allemagne, la Suisse l'a presque achevée. Elle en a fini avec ses perpétuels *referenda* à la souveraineté cantonale, qui faisaient le désespoir des diplomates. Douanes, législation générale, juridiction suprême, droit de paix et de guerre, appartiennent aujourd'hui au Conseil et aux deux Assemblées qui siégent à Berne. La Suisse est toujours une confédération ; mais qui ne voit que le mot a changé de sens? Il désignait une ligue de cantons souverains ; aujourd'hui il désigne une nation. Si demain Genève ou le Tessin voulaient se séparer en alléguant que le lien fédéral ne peut les assujettir, croit-on que la Suisse ne maintiendrait pas sa nationalité à coups de canon? Et l'Europe, qui a intérêt à la neutralité helvétique, contesterait-elle au Conseil fédéral le droit de réduire la rébellion? Voilà donc encore une Confédération dont on ne peut sortir à son gré.

Mais en fortifiant l'unité fédérale, qu'a donc fait la Suisse, sinon imiter de loin la Constitution des Etats-Unis, combinaison admirable qui évite à la fois la faiblesse des anciennes Confédérations et le despotisme de la centralisation? Et comment l'Amérique en est-elle arrivée à cette large unité que l'Allemagne et la Suisse lui envient? A-t-on oublié qu'après la paix de 1783, l'Amérique, maitresse d'elle-même, manqua périr par la jalousie des Etats souverains? Ce fut pour sortir de l'anarchie que des patriotes, tels que Washington, Hamilton, Madison, Jay, proposèrent le pacte fédéral et obtinrent, en 1787, l'abdication des souverainetés particulières. Avant la Constitution, il y avait treize Etats indépendants et alliés; après la Constitution, il n'y eut plus qu'un peuple américain.

« Ces souverainetés alliées, disait la Cour fédérale en 1787, « ont changé leur ligue en gouvernement, et leur Congrès « d'ambassadeurs en législature. » Amis ou ennemis, fédéralistes ou partisans de l'ancien régime, personne ne s'y trompa. Un des premiers avocats de la révolution, devenu l'ennemi des fédéralistes, Patrick Henry, le disait nettement : « Que ce gouvernement soit un gouvernement con- « solidé (c'est-à-dire unitaire), c'est évident. La Constitu- « tion dit : *Nous, le peuple américain*, et non pas : *Nous,* « *les Etats.* »

Ouvrez la Constitution, cherchez-y ce qui distingue les Etats-Unis des gouvernements d'Europe. Rien qu'une plus grande indépendance locale; quant à la souveraineté politique, elle appartient tout entière au Président et au Congrès. La suprême puissance exécutive, législative, judiciaire, le droit de paix et de guerre, sont dans les mains de l'autorité centrale. La diplomatie, l'armée, la marine, les douanes, les postes, les monnaies, tous ces priviléges de la souveraineté ont été retirés aux Etats et donnés au gouvernement fédéral. C'est le Président qui commande les milices particulières, c'est lui qui accorde la naturalisation ; c'est lui qui représente le pays au dehors. La Constitution ne reconnaît pas trente-trois nations, mais une seule, qui se nomme les Etats-Unis ; l'Europe fait comme la Constitution.

Est-ce là une fiction politique ? En Amérique, y a-t-il des peuples divers, réunis par un lien fédéral, comme il y a en Suisse des cantons allemands, français, italiens ? Non ; sur ce territoire, douze fois grand comme la France, il n'y a que des hommes de même famille, qui ont les mêmes souvenirs, et si l'on ôte l'esclavage, les mêmes institutions. Sans doute, il y a des nuances entre les divers Etats : la première colonisation, le climat et surtout l'esclavage donnent au Sud une physionomie particulière ; ce sont de ces variétés provinciales qu'on trouve en tous pays et qui sont moins prononcées en Amérique que dans la vieille Europe, faite de pièces et de morceaux. Mais qu'il y ait là un antagonisme de race, c'est ce qu'il est impossible d'admettre chez une nation sortie toute entière du même berceau. Les Américains sont un peuple, on ne peut trop le répéter à l'Europe ; qu'est-ce, en effet, qu'un peuple, si on refuse ce titre à une société d'hommes qui ont la même origine, la même langue, la même foi, la même civilisation, le même passé, et qui, depuis soixante-quinze ans, ont la même histoire, le même gouvernement et les mêmes lois ?

J'insiste sur ce point, car si les Américains sont un peuple (et il est impossible de le nier), la reconnaissance du Sud soulève une question qui nous touche de près. Ce qu'on nous demande, qu'on le sache ou non, c'est d'introduire dans le droit public de la chrétienté un principe d'anarchie qui demain peut se retourner contre nous. Ce droit absolu de séparation qu'on fait sonner si haut, c'est la négation de toute unité nationale. Il est singulier qu'on propose à la France de proclamer un dogme aussi contraire à notre foi politique et à notre amour de la patrie.

Qu'aucun peuple ne soit fait pour être l'esclave d'un autre peuple, c'est là un principe que, Dieu merci, on ne conteste plus aujourd'hui. L'émancipation de Venise, la liberté de la Pologne, l'affranchissement des populations chrétiennes de la Turquie d'Europe seront accueillis comme le triomphe du droit sur la force. Mais en Amérique, où il n'y a point de peuple asservi, sinon les nègres qu'on oublie, qu'est-ce que le droit de séparation, tel que le revendique le Sud, tel que le professent des publicistes qui se croient des hommes de gouvernement, des défenseurs de l'ordre et de la paix?

Ce droit nouveau, cette prétention inouïe peut se traduire ainsi : « Toute province, toute fraction du peuple a le droit de quitter l'Etat dont elle fait partie, et cela au jour et à l'heure qui lui convient. Pour justifier sa conduite, il suffit d'une majorité locale, plus ou moins douteuse, et qui d'ailleurs n'est qu'une minorité dans la nation. Résister à cette séparation, c'est une tyrannie que l'Europe ne doit pas souffrir. »

Cela est monstrueux, dira-t-on ; c'est néanmoins ce qu'on nous propose de décider.

Le Sud a-t-il été opprimé? N'était-il pas maître absolu de son administration et de ses lois intérieures? N'avait-il pas dans la représentation générale une part proportionnelle à sa population? Y avait-il des priviléges politiques pour le Nord? M. Lincoln serait-il un despote qui eût violé ses serments et foulé aux pieds les libertés nationales? Non; le Sud, en se révoltant, ne peut alléguer ni une loi déchirée, ni un droit outragé. Ce dont il se plaint, c'est qu'un changement de majorité allait amener la suprématie politique du Nord. Est-ce là une cause de rébellion? Est-ce que la soumission à la majorité, dans les choses d'intérêt général, n'est pas la condition des peuples libres? Est-ce que la liberté politique n'est pas le règne de l'opinion substitué au jeu sanglant des révolutions?

Si, au lieu de discuter et d'en appeler à la raison, toute minorité mécontente a le droit de se séparer, où s'arrêtera cette mise en pièces, cet émiettement d'une nation? Pourquoi les comtés ne pourraient-ils pas se détacher des Etats? Pourquoi les villes ne pourraient-elles pas s'isoler des comtés? Pourquoi ce qui est aujourd'hui le droit de la Nouvelle-Orléans ne serait-il pas demain le droit de Genève, de Cologne ou de Strasbourg? Une fois les *pronunciamentos* reconnus par la jurisprudence politique, qui peut dire où s'arrêtera ce principe de dissolution? Se donner à l'ennemi, même en temps de guerre, ce ne sera plus trahir, ce sera user d'un droit absolu et imprescriptible : le droit de séparation. C'est la doctrine du mariage libre et du divorce à volonté qu'on fait passer dans le Code des nations.

Tels sont les principes engagés dans cette guerre ; la passion peut les obscurcir, elle ne les anéantira pas. Il est possible que le Sud l'emporte ; ce ne sera pas la première fois qu'une révolte injuste aura pour elle un succès passager ; mais ce qu'on peut affirmer, c'est que la cause de ceux qui brisent en deux l'unité de la patrie est une cause impie. La victoire du Sud sera une victoire maudite, et dont le monde entier souffrira. Ce ne sera pas seulement le triomphe de l'esclavage, ce sera la destruction de l'œuvre la plus patriotique et la plus sage des temps modernes; ce sera l'avénement en Amérique de tous les maux auxquels la division condamne la vieille Europe, et cela sans qu'il y ait dans le nouveau monde diversité de races et de mœurs. Armées permanentes, budgets énormes, rivalités nationales, intrigues de l'étranger, commencement d'une guerre sans fin[1], voilà les fléaux qui suivront nécessairement cette séparation qu'on exalte. Un tel avenir ne peut qu'attrister profondément ceux qui aiment encore la paix, la liberté et la démocratie.

Dans une telle situation, j'oserai dire que le devoir de la France est tracé. Peut-il convenir d'associer le nom français au maintien de l'esclavage? Pouvons-nous aider des hommes qui brisent l'unité nationale et seconder là-bas une œuvre qui chez nous serait un sacrilége et un crime? Non; j'en appelle à notre amour de la patrie et de l'humanité.

III

L'intérêt commercial et l'intérêt politique conseillent également à la France de garder la neutralité.

On sent combien la position du Sud est fausse, aussi est-ce sur le terrain des intérêts qu'on porte la question. C'est

---

[1] J'emprunte cette juste et vive expression à la remarquable dépêche de M. Seward. Je donne en appendice (note B) cette pièce, où le patriotisme et la raison parlent un langage énergique. C'est la diplomatie d'un peuple libre; une dépêche qui ne s'adresse pas à un cabinet, mais qui fait appel au bon sens du monde entier.

là qu'on espère se débarrasser de ces politiques méticuleux qui, en invoquant la justice, ne savent, dit-on, que faire de belles phrases et n'entendent rien aux affaires. Nous connaissons ce vieux sophisme ; jamais, au contraire, il n'a été plus visible qu'en ce point l'intérêt et le devoir du pays sont d'accord.

La France a un double intérêt engagé en Amérique : un intérêt commercial, un intérêt politique, tous deux également respectables, quoique en ce moment des souffrances cruelles nous fassent oublier le second pour ne voir que le premier.

La disette du coton réduit à la misère des populations d'ouvriers. D'où vient cette disette ? Est-ce la faute du Nord ? Non ; le Nord, malgré la guerre, ne refuse point d'acheter du coton aux insurgés et de le vendre à l'Europe. Il a, au contraire, le grand désir de ne point compliquer une position déjà difficile ; mais le Sud a senti dès le premier jour qu'il ne pouvait l'emporter qu'avec l'appui de l'Europe ; il a calculé que ce secours qu'on lui marchanderait peut-être, il l'emporterait en nous affamant. Réduire l'Europe à intervenir malgré elle, c'est l'espoir et la politique des confédérés. « Pour nous défendre, impriment-ils dans leurs journaux, ne comptons ni sur nos armes, ni sur nos arsenaux, ni sur nos forteresses, ne comptons que sur notre coton. Nous pouvons donner la vie ou la mort à des peuples entiers. Retenons notre coton, ils mourront de faim ; ramenons-le sur le marché, ils reprendront vie[1]. » C'est devant cette impérieuse sommation qu'on nous propose d'abaisser notre drapeau.

Quel est le moyen d'avoir du coton, si le Sud persiste dans cet égoïsme qui nous coûte si cher ? Il n'y en a qu'un,

[1] *Les Etats-Unis en 1861*, p. 177.

c'est la fin de la guerre. Cette fin peut arriver naturellement, elle peut être décidée par l'intervention de l'Europe. De ces deux moyens le second est le plus dangereux et le moins sûr.

Si on laisse les Américains à eux-mêmes, il est visible que la guerre ne peut durer longtemps. Il y a sur pied un million d'hommes que déciment la fatigue et le climat. Le Sud en est réduit à appeler sous les armes les hommes de trente-cinq à quarante-cinq ans ; sa jeunesse est épuisée. Le papier des confédérés perd 50 pour 100, l'argent disparaît du Nord, où l'armée coûte cinq millions par jour. Des deux côtés l'énormité des pertes et des dépenses amènera bientôt cette lassitude et cette impuissance qui réduisent les plus acharnés à accepter la paix. *Plus nous éviterons d'intervenir, moins la lutte durera*, est le mot de la situation. Il a été prononcé non point par des politiques qui ne ressentent que de loin la misère générale, mais par des fabricants anglais qui connaissent l'Amérique et que leurs souffrances rendent clairvoyants. Soyons toujours prêts à offrir une médiation amicale, tâchons d'abréger par nos bons offices une guerre fratricide, c'est notre devoir ; mais, dans notre intérêt même, n'allons pas plus loin. Intervenir, c'est irriter les espérances et les colères de deux frères en furie ; c'est attiser une flamme qui peut mettre en feu le monde entier.

Cette sage neutralité que nos précédents nous imposent, déplaît à une école qui veut mettre la main de la France dans toutes les affaires, au risque de lasser et d'épuiser le pays. Ce sont ces gens inquiets et remuants qui nous proposent, non pas d'intervenir, mais de reconnaître le Sud. Cette reconnaissance nous procurera-t-elle du coton ? Non ; elle ne nous donnera pas le droit de forcer le blocus, et elle ne finira pas la guerre. Qu'y gagnerons-nous ? Rien, quo do perdro cetto attitude de médiateurs et d'amis qui, à un moment donné, nous permettrait de terminer le conflit. Reconnaître le Sud, c'est lui donner notre appui moral, c'est déclarer par avance que ses prétentions sont légitimes, c'est prendre parti et renoncer à être arbitres. A quoi nous servira cette mesure, qui blessera le Nord et compromettra l'avenir?

La reconnaissance, dit-on, ne nous engage pas à faire la guerre. C'est là une erreur. J'imagine que ceux qui le disent ont trop d'esprit pour le croire. Un grand pays comme la France ne fait pas de démarche inutile. Quand il se prononce pour un peuple, il ne s'en tient pas longtemps à une stérile déclaration. Au bout de la reconnaissance du Sud est la guerre avec nos anciens alliés. Dans cette mesure décisive, le Nord verra une menace. Depuis longtemps déjà il s'inquiète de cet orage qu'on lui signale à l'horizon : « Toute nation déchirée par la guerre civile, a dit M. Lin- « coln, doit s'attendre à être traitée sans égards par l'étran- « ger. » Ajoutons toutefois, qu'à tort ou à raison, c'est de l'Angleterre que le Nord craint une intervention ; il compte encore sur la vieille et constante amitié de la France.

Si le Nord ne cède pas à la première sommation de l'Angleterre et de la France, ira-t-on plus loin? A-t-on calculé ce que peut coûter la guerre la plus heureuse, faite à une pareille distance, dans un pays immense, chez un peuple brave, industrieux, et qui défendra ses foyers avec l'énergie du désespoir? Que seront les pertes et les souffrances de l'industrie du coton à côté des maux et des charges que peut amener une entreprise plus longue et plus difficile que l'expédition de Crimée? Pour soutenir la politique de l'esclavage, ajouterons-nous un nouveau milliard à notre dette publique, et ferons-nous tuer soixante mille hommes? Certes, si l'honneur de la France était en jeu, il ne fau-

drait pas hésiter ; mais les Américains ne nous ont rien fait ;
ils ont toujours été nos amis. En ce moment même, c'est en
nous qu'ils mettent leur espoir ; la neutralité de la France
est leur salut. Dans de pareilles conditions, jamais la guerre
ne sera populaire en France ; elle est en contradiction
avec les intérêts, les idées et les sentiments du pays.

Supposons que le Nord cède à la première menace ; supposons que, par fatigue, il s'incline devant une médiation
armée ; supposons qu'il ne livre pas le Sud à la guerre servile, et ne se venge point à tout jamais du parti qui appelle
l'étranger ; supposons qu'il nous laisse régler le démembrement de l'Amérique, toutes suppositions impossibles, quand
on songe qu'il s'agit d'un peuple jeune, ardent, patriote et
qui depuis un an vit sous les armes : quand nous aurons
réussi dans cette œuvre gigantesque, qu'aurons-nous fait?
Nous aurons donné un démenti à toutes nos traditions politiques, affaibli la France et grandi l'Angleterre, en écrasant
nos plus utiles et nos plus fidèles alliés.

Il y a là un intérêt politique plus grand que l'intérêt de
nos fabriques ; il semble qu'on l'oublie et qu'on le cache à
plaisir.

Quand Louis XVI secourut les insurgents américains,
quelle fut sa pensée, sinon de venger l'insulte que nous
avions reçue au Canada, et d'élever sur les rivages de l'Atlantique un peuple qui quelque jour ferait concurrence à
l'Angleterre et lui disputerait l'empire des mers? Qu'on
lise la correspondance de M. de Vergennes ; on verra qu'en
France on ne se trompait pas sur les destinées de l'Amérique ; on savait déjà en 1780 que ce n'était point quelques
millions d'hommes qu'on émancipait ; c'était un nouveau
monde que la France appelait à la vie [1].

<hr>

[1] Voir la note C.

Quand le premier Consul vendit la Louisiane, qu'il eût mieux fait de garder, quand il se décida à céder la Nouvelle-Orléans, que les Etats-Unis réclamaient à tout prix comme la clef du Mississipi, comme une possession sans laquelle ils ne pouvaient vivre, quelle fut la politique de Napoléon? Il voulut, lui aussi, contribuer à la puissance de ce peuple, destiné dans un avenir prochain à contre-peser l'Angleterre [1]. Le premier Consul ne s'était point mépris dans ses calculs ; dès l'année 1812, l'Amérique naissante acceptait la guerre avec son ancienne métropole, et faisait du droit des neutres une vérité [2].

Depuis cette époque, l'Angleterre n'a pas eu de guerre maritime ; elle a cédé de son orgueil, elle n'a plus parlé de sa souveraineté maritime : pourquoi? Parce qu'en face d'elle, sur l'autre rive de l'Océan, il y avait un peuple dont la croissance tenait du prodige, un peuple décidé à se battre du jour où on troublerait la liberté des mers.

Voilà l'œuvre de la politique française, voilà notre revanche d'un siècle de guerres malheureuses, voilà pourquoi les Etats-Unis ont été de tout temps nos alliés et nos amis. Leur intérêt est le nôtre, leur grandeur nous sert ; la ruine

[1] Voir la note D.

[2] « Nous reconnaissons et nous maintiendrons les droits de neutralité « établis en 1780 par Catherine II, lorsque, se mettant à la tête des na- « tions, elle les a proclamés *le droit des gens*. » (*Déclaration de guerre du Congrès*, 18 juin 1812.)

Depuis quatre-vingts ans, la politique américaine, inspirée par Washington, a été de ne jamais se mêler des affaires d'Europe, et de défendre toujours le droit des neutres. C'est à cette politique que nous devons la paix et la liberté des mers. Une grande puissance, étrangère à nos querelles, et n'ayant d'autre intérêt que son commerce, toujours neutre, par conséquent, et toujours intéressée à la défense des neutres, c'est une admirable garantie qu'il faudrait inventer, si elle n'existait pas. On nous propose de la détruire, et on se croit un homme d'Etat.

des Etats-Unis, c'est la diminution de la France. Aveugle qui ne le voit pas.

Qu'est-ce, en effet, que le démembrement de l'Amérique, sinon l'affaiblissement et la destruction de la marine des Etats-Unis au profit de la marine anglaise? L'Angleterre n'a pas l'habitude de se battre pour une idée; le moins qu'elle puisse obtenir du Sud, quand nous l'aurons affranchi, ce sont des droits de navigation différentiels pour écarter le pavillon du Nord au profit du pavillon européen. Le Sud, d'ailleurs, ne vit que de capitaux d'emprunt; il a commencé la guerre en faisant banqueroute de douze cents millions aux prêteurs de Boston et de New-York; il lui faut des spéculateurs qui lui achètent son coton avant même qu'il soit planté. Qui remplacera le Nord dans ces avances nécessaires? qui en retour obtiendra la consignation et le transport du coton? qui s'enrichira de ce grand monopole? qui fortifiera sa marine marchande et par contre-coup sa marine militaire de tout ce que perdra le Nord? Est-ce la France? est-ce l'Angleterre?

Protectrice naturelle du Sud, qui aura toujours besoin d'un appui étranger contre des voisins que la liberté multiplie et qui n'oublieront point le passé, maîtresse de l'embouchure du Mississipi et de celle du Saint-Laurent, l'Angleterre commandera à la Nouvelle-Orléans comme à Québec. Elle reprendra pied sur le continent; c'est nous qui la rétablirons sur cette terre d'où nos pères l'ont chassée.

Est-ce là une vaine jalousie? Certes, je ne suis pas de ceux qui crient après la perfide Albion : j'aime et j'envie les institutions anglaises, j'estime profondément l'énergie et les vertus du peuple anglais; mais je sais qu'entre nations l'équilibre des forces est la meilleure garantie de la paix. Je n'ai oublié ni nos malheurs passés, ni la sage conduite de nos pères, et je demande qu'on ne détruise pas en une heure d'impatience l'œuvre de Louis XVI et de Napoléon. Il y a pour chaque pays une politique de situation qui ne dépend pas des hommes et qui survit aux dynasties : c'est cette politique que je défends.

L'Angleterre a pour maxime que sa marine doit toujours être deux fois plus forte que la nôtre, ce qui équivaut à dire que les Anglais veulent toujours être en état de tenir tête à l'Europe conjurée. Otez l'Amérique, qui tient l'Angleterre en échec et qui la force à respecter le droit des neutres, soyons sûrs qu'à la première guerre continentale on verra reparaître l'ambition des anciens jours et une prépotence dont nous serons les premiers à souffrir. Le démembrement de l'Amérique, c'est l'empire des mers rendu à nos rivaux ; l'unité de l'Amérique, c'est la liberté des océans et la paix du monde. Voilà ce qu'il ne faut pas se lasser de redire à des hommes qui, pour appliquer un remède plus que douteux à des souffrances passagères, voudraient nous condamner à recommencer les terribles épreuves du passé. Si les Etats-Unis, avec leurs trente et un millions d'hommes, eussent existé en 1810, croit-on que le blocus continental eût été possible ? Si demain ils sont écrasés, croit-on que ce blocus ne puisse renaître, si jamais, ce qu'à Dieu ne plaise, nous éprouvions un désastre sur l'Océan ?

Quels que soient les événements, il y a en ce moment un devoir à remplir pour les amis de la liberté et pour les amis de la grandeur française. Il faut parler, il faut éclairer le pays ; il faut lui montrer l'abîme où le poussent ces douce-reux politiques qui, par amour de la paix, nous forceraient à la guerre, et au nom de l'indépendance nous enrôleraient sous le drapeau de la servitude. Chrétiens, qui croyez à l'Evangile et aux droits d'une âme immortelle, même quand une peau noire l'enveloppe ; patriotes, dont le cœur bat pour la démocratie et la liberté ; hommes d'Etat, qui ne voulez point le retour de cette politique coloniale qui, pendant deux siècles, a ensanglanté les mers ; Français, qui n'avez oublié ni Lafayette ni les glorieux souvenirs que nous avons laissés dans le nouveau monde, c'est votre cause qui se décide aux Etats-Unis. Cette cause, des hommes énergiques la défendent depuis un an avec autant de courage que de talent ; notre devoir est de nous ranger autour d'eux, et de tenir d'une main ferme ce vieux drapeau français sur lequel est écrit : *Liberté !*

APPENDICE.

NOTE A.

DERNIER MESSAGE DU PRÉSIDENT BUCHANAN.

La séparation est la violation du pacte fédéral
et une véritable révolution.

Cette question a été parfaitement traitée par une autorité peu
suspecte, M. Buchanan, dernier président de l'Union, dont les
sympathies pour le Sud ont été si loin, qu'on pourrait les qualifier
plus sévèrement. Dans son message d'adieu, M. Buchanan discute
au long une question qui ne semblait pas contestable ; il est bon
cependant d'y revenir, puisqu'en France et en Angleterre il s'est
trouvé des journaux pour prétendre que le Sud avait le droit de
se retirer de l'Union, au jour et à l'heure qui lui conviendrait.

« Dans ces dernières années, dit M. Buchanan, on a prétendu
que tout État peut, suivant son bon plaisir et sa volonté souveraine, se retirer de l'Union en vertu de la Constitution et
sans violer en rien les droits constitutionnels des autres membres
de la Confédération. Chacun d'eux, allègue-t-on, étant entré
comme partie dans l'Union par le vote de sa propre population
réunie en Convention, chacun d'eux peut également se retirer de
l'Union de la même manière par le vote d'une convention semblable.

« Pour justifier la sécession comme moyen constitutionnel, il
faut partir du principe, que le gouvernement fédéral est une
simple association volontaire d'États, qui peut être dissoute à
plaisir par n'importe laquelle des parties contractantes. S'il en

est ainsi, le lien fédéral est un cordon de sable que peut traverser et rompre le premier flot arrivant en sens contraire dans l'opinion publique d'un État quelconque. De cette manière, nos trente-trois États peuvent se résoudre en autant de petites républiques envieuses, hostiles, chacun d'eux se retirant de l'Union sans responsabilité le jour où quelque surexcitation soudaine le poussera à prendre cette détermination. Par ce procédé, nous pourrions voir réduite en fragments, au bout de quelques semaines, cette Union dont nos pères ont payé l'établissement de tant d'années de labeur, de tant de privations et de sang.

« Un pareil principe est absolument inconciliable avec l'histoire aussi bien qu'avec le caractère même de la Constitution fédérale. Cette Constitution, après avoir été rédigée avec les plus mûres réflexions et le plus grand soin, fut soumise à des Conventions nommées par le peuple de chacun des États pour la ratifier. Les dispositions en furent discutées à fond dans ces Conventions, composées des premiers hommes du pays. Ses adversaires soutenaient qu'elle conférait au gouvernement fédéral des pouvoirs dangereux pour les droits des États; ses avocats, au contraire, affirmaient que, bien interprété, l'acte ne pouvait fournir aucun fondement à de pareilles appréhensions. Dans cette grande lutte entre les premières intelligences de ce pays, il ne vint jamais à la pensée de personne, dans l'un ou l'autre camp, de prétendre ou même d'insinuer que tous ces efforts étaient un vain labeur, parce que, du moment où un État quelconque se trouverait lésé, il pourrait se retirer de l'Union. Quel argument écrasant n'eût-ce pas été là contre ceux qui craignaient que les droits des États ne fussent mis en danger par la Constitution ! La vérité est que ce fut seulement bien des années après l'origine du gouvernement fédéral qu'une pareille proposition fut mise en avant. Elle fut alors combattue et réfutée avec une argumentation décisive par le général Jackson, qui, dans son message du 16 janvier 1833, accompagnant l'envoi au Congrès de l'ordonnance de nullification passée par la Caroline du Sud, s'exprimait en ces termes : « On « ne saurait reconnaître à un État isolé le droit de se libérer à « volonté et sans le consentement des autres États de ses obliga- « tions les plus sacrées, et de mettre en péril la liberté et le « bonheur des millions d'hommes qui composent cette Union.

« Une pareille faculté semble inconciliable avec les principes
« d'après lesquels est constitué le gouvernement fédéral, aussi
« bien qu'avec le but exprès en vue duquel ce gouvernement a été
« organisé. »

« On n'allègue pas que cette théorie s'appuie sur une clause
de la Constitution. On l'appuie uniquement sur des inductions
tirées, non d'aucune expression de l'acte lui-même, mais du caractère souverain des États individuels qui l'ont ratifié. Mais
n'est-il pas au pouvoir d'un État, comme d'un individu, d'abdi-
quer une partie de ses droits souverains, pour mieux assurer le
reste? Suivant le langage de M. Madison, qui a été surnommé le
Père de la Constitution, « la Constitution a été l'œuvre des États,
« c'est-à-dire du peuple de chacun des États, agissant dans sa
« plus haute capacité souveraine ; elle émane par conséquent de
« la même autorité dont émanent les Constitutions d'État. Le
« gouvernement des États-Unis, créé par la Constitution, n'est
« pas moins un gouvernement selon le sens strict de ce mot, dans
« la sphère de ses pouvoirs, que les gouvernements créés par les
« Constitutions d'État ne le sont dans leurs sphères respectives.
« De même que ceux-ci, il est distribué en départements législatif,
« exécutif et judiciaire. Comme eux, il agit directement sur les
« personnes et sur les choses ; comme eux, il a à sa disposition
« une force matérielle pour exercer les pouvoirs qui lui sont con-
« férés. »

« La Constitution a été faite dans une intention de perpétuité, et
non pour être annulée suivant le bon plaisir de l'une ou de l'autre
des parties contractantes. Les anciens articles de Confédération
avaient pour titre : « Articles de confédération et d'union perpé-
« tuelle entre les États ; » et l'article 13 déclare expressément que
« les articles de cette Confédération seront inviolablement obser-
« vés par tous les États, et que l'Union sera perpétuelle. » Le
préambule de la Constitution des États-Unis, qui se réfère expressément aux articles de Confédération, dit qu'elle a été établie
« afin de former une Union plus parfaite. » Et cependant on vient
prétendre que cette « Union plus parfaite » n'a pas l'attribut es-
sentiel de perpétuité!

« L'intention de perpétuité attachée à l'Union ressort d'ailleurs
en termes concluants de la nature et de l'étendue des pouvoirs

confiés par la Constitution au gouvernement fédéral. Ces pouvoirs embrassent les attributions les plus élevées de la souveraineté nationale. Ils mettent à la fois la bourse et l'épée dans la main du gouvernement central. Le Congrès a le pouvoir de faire la guerre et de faire la paix, de lever et d'entretenir des armées et des flottes, de conclure des traités avec les gouvernements étrangers. Il est investi du pouvoir de battre monnaie, d'en régler la valeur, de réglementer le commerce avec les nations étrangères, ainsi qu'entre les différents Etats. Il est superflu d'énumérer les autres pouvoirs souverains qui ont été conférés au gouvernement fédéral. Et pour exercer efficacement les pouvoirs énumérés, le Congrès a le droit exclusif d'imposer et de percevoir des taxes sur les importations, ainsi que d'imposer et de percevoir toutes les autres taxes en commun avec les Etats.

« Mais la Constitution n'a pas seulement conféré ces pouvoirs souverains au Congrès ; elle a encore adopté des moyens efficaces pour empêcher les Etats d'en entraver l'exercice. Dans ce but, elle a expressément déclaré, en termes énergiquement prohibitifs, que « aucun Etat ne devra conclure aucun traité, alliance ou « confédération ; octroyer de lettres de marque et représailles, « battre monnaie, émettre du papier de crédit, autoriser autre « chose que les monnaies d'or et d'argent pour le payement des « dettes ; passer aucune déclaration de haute trahison, aucune loi « rétroactive, aucune loi portant atteinte à l'exécution des con- « trats. » De plus, « aucun Etat ne pourra, sans le consentement « du Congrès, imposer aucune taxe ou droit sur les importations « ou les exportations, excepté ce qui pourra être absolument « nécessaire pour l'exécution des lois d'inspection ; » et si les taxes imposées dépassent cette limite, l'excédant appartiendra aux Etats-Unis.

« Encore : « Aucun Etat ne devra, sans le consentement du « Congrès, établir aucun droit de tonnage ; tenir sur pied des « troupes ou des bâtiments de guerre en temps de paix ; entrer en « arrangement ou convention quelconque avec un autre Etat, ou « avec une puissance étrangère ; ni s'engager dans une guerre, à « moins d'être matériellement envahi, ou de se voir dans un péril « dont l'imminence n'admette pas de délai. »

« Afin d'assurer encore mieux l'exercice non interrompu des

pouvoirs supérieurs du gouvernement fédéral contre l'intervention particulière des Etats, il est déclaré que « cette Constitution et les « lois des Etats-Unis qui pourront être faites en vertu d'icelle, ainsi « que tous les traités faits ou qui pourront être faits par l'autorité « des Etats-Unis, seront la loi suprême, et les juges de chaque Etat « seront tenus d'y obéir, nonobstant toute disposition contraire « dans la Constitution ou les lois d'un Etat quelconque. »

« La sanction solennelle de la religion a été encore ajoutée aux obligations du devoir officiel : tous les sénateurs et représentants des Etats-Unis, tous les membres des législatures d'Etat, tous les fonctionnaires exécutifs et judiciaires, « tant des Etats-Unis que « des Etats particuliers, seront liés par un serment de maintenir « cette Constitution. »

« Pour exercer les pouvoirs, la Constitution a établi un gouvernement parfait dans toutes ses formes : législative, exécutive et judiciaire. Ce gouvernement, dans l'étendue de ses pouvoirs, agit directement sur les citoyens individuels de tous les Etats et exécute ses propres décisions par l'intermédiaire de ses propres officiers. A cet égard, il diffère entièrement du gouvernement de l'ancienne Confédération, qui se bornait à adresser des réquisitions aux Etats dans leur capacité souveraine. Ceci laissait à l'option de chaque Etat d'obéir ou de refuser, et ils déclinaient souvent d'obtempérer à ces réquisitions. C'est ainsi qu'il devint nécessaire, pour faire disparaître cet obstacle et former une Union plus parfaite, « d'établir un gouvernement qui pût agir directement sur « les populations et exécuter ses propres lois sans l'agence inter- « médiaire des Etats. » C'est ce qu'a fait la Constitution des Etats-Unis.

« En un mot, le gouvernement créé par la Constitution et tirant ses pouvoirs du peuple souverain de chacun des Etats a, pour exercer son pouvoir sur le peuple de tous ces Etats, dans les cas énumérés, précisément le même droit que chaque Etat possède pour les points non délégués aux Etats-Unis, mais « réser- « vés aux Etats respectifs ou au peuple. »

« Dans la limite des pouvoirs délégués, la Constitution des Etats-Unis fait partie de la Constitution de chaque Etat et en lie la population aussi étroitement que si elle y avait été textuellement inséré.

« Ce gouvernement est donc un grand et puissant gouvernement, investi de tous les attributs de la souveraineté, sur les points spéciaux auxquels s'étend son autorité. Ceux qui l'ont établi n'ont jamais eu l'intention d'y implanter les germes de sa propre destruction ; en le créant, ils n'ont pas commis l'absurdité de pourvoir à sa destruction. Ils n'ont pas voulu en faire une vision sans consistance, prête à se dissiper dans l'air au toucher du magicien, mais bien une construction substantielle et puissante, capable de résister à la lente décomposition du temps et de défier l'ouragan des âges. Par le fait, on comprend que les jaloux patriotes de cette époque aient ressenti la crainte de voir un gouvernement investi de si hauts pouvoirs violer les droits réservés des Etats, et qu'ils aient adopté le principe d'une stricte interprétation de ces pouvoirs, pour prévenir le danger. Mais ils n'appréhendaient pas et ne pouvaient imaginer que la Constitution fût jamais interprétée de manière à permettre à un Etat quelconque d'exonérer sa population de toute obligation fédérale, par son seul fait et sans le consentement des autres Etats.

« On pourra maintenant demander si le peuple des Etats est sans moyen de redressement contre la tyrannie et l'oppression du gouvernement fédéral. En aucune façon. Le droit de résistance de la part des gouvernés contre l'oppression de leur gouvernement ne saurait être dénié. Il existe indépendamment de toute Constitution et a été exercé à toutes les périodes de l'histoire du monde. En vertu de ce droit, les vieux gouvernements ont été détruits et de nouveaux ont pris leur place. Il se trouve inscrit en termes énergiques et exprès dans notre déclaration d'indépendance. Mais il faut toujours observer cette distinction : que c'est là une révolution contre un gouvernement établi, et non une séparation volontaire en vertu d'un droit constitutionnel intrinsèque. En un mot, envisageons courageusement le danger en face : la sécession n'est ni plus ni moins que la révolution. Ce peut être ou n'être pas une révolution justifiable, mais ce n'en est pas moins une révolution. »

(Journal des Débats, du 20 décembre 1860.)

Il serait à désirer que les défenseurs du Sud devant l'Europe eussent la franchise et la logique de M. Buchanan. Il est visible qu'aux yeux de l'ancien président le Sud a le droit extrême de rompre le pacte fédéral, et de faire une révolution, s'il croit l'esclavage en danger. Nous n'examinons pas cette prétention, nous demandons simplement qu'on parle à l'Europe avec la même sincérité. Au lieu de nier les faits les plus certains, d'inventer un droit fédéral qu'on n'a jamais connu de l'autre côté de l'Atlantique, et de jeter à notre crédulité la fable du tarif, dites-nous simplement : « Non, le Sud n'avait pas le droit de se séparer ; il « viole la Constitution ; mais il lui fallait à tout prix sauver l'es- « clavage, menacé indirectement, l'esclavage enfermé dans le « cercle où il devait mourir. Voilà pourquoi le Sud a rompu « l'Union et fait une révolution. » Ce sera vrai, ce sera clair, ce sera instructif ; la France jugera en connaissance de cause : c'est tout ce que nous demandons.

NOTE B.

M. Seward à M. Adams.

Washington, le 28 mai 1862.

« Monsieur, j'ai reçu votre dépêche du 8 mai. Les journaux annoncent que trente vaisseaux, qui ont quitté les ports anglais dans l'intention de forcer notre blocus, sont réunis à Nassau et attendent le relâchement du blocus des ports du Sud autorisé par le Président, à partir du 1er juin, préférant se prévaloir de ce privilége légal plutôt que de persévérer dans leurs opérations illicites. Je pense donc que nous pouvons nous féliciter de ce que nos relations avec les puissances maritimes ont pris un autre aspect et de ce que la sympathie que les contrées étrangères pouvaient avoir pour le Sud à cause du blocus, n'ayant plus de motif, cessera désormais d'exister.

« Cette nouvelle ère sera signalée aussi par une autre amélioration ; les pirates qui cherchaient protection dans les ports amis, après avoir commis des déprédations contre le commerce américain, disparaîtront de l'Océan.

« D'après les instructions du Président, je désire, si nos représentants à l'étranger jugent que cela est possible, améliorer cette situation et conférer avec les nations amies sur la guerre et sur notre future conduite.

« Et d'abord, je désire rappeler à votre souvenir le fait qu'antérieurement j'ai déjà déclaré, que l'opinion de notre gouvernement est que les intérêts mutuels présents et permanents de toutes les nations maritimes, y compris notre pays, exigent le maintien de la bonne harmonie entre elles, et que les mêmes intérêts demandent qu'autant que possible la paix règne dans le monde, et spécialement aux États-Unis et sur le continent américain.

« Pour expliquer ces vues, j'ai émis l'opinion que les systèmes industriels de l'Europe occidentale et des États-Unis, comprenant leur agriculture, leurs manufactures et leur commerce, doivent être, à certains égards. regardés moins comme des systèmes nationaux distincts que comme une combinaison générale d'opérations agricoles, manufacturières et commerciales ; s'il y a solution de ces opérations dans un pays, il en résulte nécessairement du trouble dans tous les autres. en sorte qu'une sérieuse désorganisation dans la production ici ne peut manquer d'amener le dérangement et probablement le désastre partout ailleurs.

« Nous avons aujourd'hui malheureusement la preuve que cette opinion n'était point fausse. La misère sévit parmi les paysans d'Irlande et dans les villes manufacturières de Belgique, et les pressoirs de vin et les fabriques de soieries, dans quelques parties de la France, semblent être sur le point de s'arrêter. Tous ceux qui souffrent attribuent cet état de choses à la guerre civile d'Amérique ; je ne veux point m'arrêter à examiner jusqu'à quel point cela est exact. Il est manifeste que ce que désirent les nations de l'Europe, c'est la fin de la guerre aussi promptement que possible et que le système industriel de ce pays soit aussi peu désorganisé que possible.

« Tout homme sensé ne doutera pas un instant que c'est là aussi ce que veut le gouvernement des États-Unis, encore plus que quelque nation européenne que ce soit. Ce gouvernement a déclaré ce besoin énergiquement, résolûment, quelquefois même peut-être impatiemment. Néanmoins la guerre a duré pendant toute une année, malgré les vœux de l'Europe aussi bien que contre ceux de l'Amérique. Une nouvelle campagne commence même en ce moment. En vue de déterminer s'il y a quelque probabilité d'atteindre le but désiré, il n'est pas sans profit d'examiner les causes de cette prolongation de la guerre.

« Ce gouvernement, au commencement, a soutenu et depuis il a persisté à soutenir que l'Union pouvait être et devait être maintenue. D'un autre côté, les nations européennes, lorsqu'elles ont vu l'orage fondre sur notre pays, se sont prises à douter de ce grand et heureux résultat.

« L'Europe n'avait qu'un intérêt subordonné et indirect dans ce grand problème, et elle a supposé que si les Etats-Unis arrivaient à se convaincre de l'impossibilité du maintien de l'Union, ils abandonneraient la lutte et consentiraient à une dissolution nationale qu'elle croyait à tort devoir être suivie de la paix, tandis que nous savons tous au contraire que ce ne serait là que le commencement d'une guerre sans fin. Cette opinion de l'Europe a réellement aidé les insurgés ; elle les a encouragés par des sympathies éphémères ; elle les a fait compter sur une intervention étrangère chimérique, et ainsi elle a fait durer la guerre jusqu'à ce moment.

« Certainement le gouvernement et le peuple américain ont plus de confiance encore aujourd'hui dans le maintien de l'Union qu'ils n'en avaient il y a un an ; ils sont en conséquence moins disposés qu'ils ne l'étaient alors à accepter la paix au prix de cette grande douleur et ce grand péril d'une dissolution. Dès lors est-il donc présomptueux à nous de demander aux hommes d'Etat de l'Europe de peser derechef, à la lueur nouvelle jetée par les événements de la guerre, l'opinion qu'ils auraient conçue au commencement de la lutte ? Peut-être cette opinion, mieux examinée, paraîtra-t-elle un préjugé.

« L'observateur ne manquera pas, en effet, de remarquer le contraste qui existe entre la position du gouvernement fédéral, il y a un an, et sa situation actuelle. Alors il était réellement expulsé avec toutes les autorités civiles, militaires et navales de tous les Etats au sud du Potomac, de l'Ohio et du Missouri, tandis qu'il était étroitement assiégé dans sa capitale et privé de communications même avec les Etats demeurés loyaux. Aujourd'hui il a repris toutes les positions qu'il avait perdues sur les côtes ; il possède le Mississipi et toutes les autres grandes routes naturelles, et il a forcé les rebelles à se battre dans le plus inaccessible de tous les districts insurgés. Les forces et les ressources du gouvernement sont loin d'être épuisées ; elles augmentent tous les jours. Celles des insurgés diminuent sans cesse et sont presque réduites à néant.

« Nul, ici ou en Europe, ne conteste les faits. Le seul argument que l'on nous oppose est celui-ci : c'est que les insurgés sont déterminés à ne pas reconnaître l'autorité de l'Union. La preuve de ceci est, dit-on, le ton résolu et provocateur de leur organe.

« Certainement, tant que les insurgés auront quelque espoir de succès, on ne peut s'attendre à ce qu'ils parlent autrement, et ils ne manqueront pas de nourrir de telles espérances, tant qu'ils sentiront quelque sympathie en Europe. Les dernières nouvelles venues du Sud, avant l'arrivée de l'avis de la chute de la Nouvelle-Orléans et de Norfolk, étaient pleines de conjectures sur de nouvelles formes d'intervention.

« Mais il faut se rappeler que les insurgés sont des hommes et que l'on ne peut vraisemblablement s'attendre à ce qu'ils pensent autrement que ne le feraient d'autres factions belligérantes en semblable circonstance. Etant hommes et soumis aux lois qui règle l'économie de la société, ils doivent, dans tous les cas, se conformer, bien que malgré eux, aux circonstances qui les entourent. Ils ne peuvent pas plus que les autres hommes déterminer, d'après une éventualité donnée, ce qu'ils feront dans une autre toute différente.

« Un écrivain conseille aux belligérants de ne pas clouer leur pavillon au grand mât, disant qu'ils peuvent fort bien défendre leur drapeau sans agir ainsi, tandis qu'il leur sera plus difficile de l'abaisser si cela devenait nécessaire. Quels sont les faits pratiques dans le cas actuel ? La déloyauté a-t-elle fait preuve dans cette guerre d'un sentiment indomptable ? Au commencement de la lutte, elle avait envahi même le district de cette capitale. Elle n'existe plus ici. Elle divisait le Maryland et y provoquait des conflits. L'Union est maintenant aussi forte dans cet Etat que dans tout autre resté fidèle et loyal. Le Missouri, qu'elle avait gagné à la prétendue confédération nouvelle, est maintenant actif et zélé parmi les Etats loyaux.

« Le Kentucky était neutre, mais aujourd'hui il est ferme, résolu et même dévoué à l'Union. Dans les autres régions où la déloyauté était plus générale que partout ailleurs, telles que la Virginie de l'Est, le Tennessée, la Louisiane et la Caroline du Nord, la soumission aux autorités fédérales a promptement suivi leur apparition, et les mesures préliminaires ont été prises pour le rétablissement de l'autorité et des lois de l'Union.

« C'est un fait, que la loyauté reparaît partout dès que les succès du gouvernement garantissent que l'on peut compter sur sa protection. Les désunionistes, même où ils sont les plus forts, ne sont pas un peuple, mais seulement une faction, surpassant par le nombre les citoyens restés loyaux, et leur imposant silence par les sévérités et la terreur, mais néanmoins trop faible pour empêcher le retour d'un district ou d'un Etat à l'Union, en la présence et sous la protection des autorités fédérales.

« Le Président demande aux nations étrangères de songer que nous ne faisons que d'arriver à la fin de la première année, et que cependant c'est par la conscription que les insurgés ont dû amener sur le champ de bataille tout le contingent effectif qu'ils pouvaient fournir.

« Le crédit de la révolution est mort avant que l'on ait levé le premier dollar pour la soutenir, et le territoire imposé est maintenant réduit aux limites les plus étroites ; il est épuisé dans ses richesses et dans ses approvisionnements.

« Dans toutes les circonstances, la puissance d'une faction qui est battue s'amoindrit continuellement ; mais celle des désunionistes s'en va sous l'influence d'une cause particulière, spéciale à eux, et qu'il est de mon devoir de signaler, c'est l'existence de l'esclavage africain.

« Je sais que j'aborde un sujet presque interdit dans une correspondance de ce genre. La raison de cette interdiction, aussi bien que les motifs qui m'en font départir aujourd'hui, sont également évidents. Tant que l'on a pu raisonnablement espérer que la magnanimité de notre gouvernement pouvait continuer à couvrir cette faiblesse des insurgés sans les encourager à persévérer dans leur déloyale conspiration contre l'Union, on a laissé cette cause de côté.

« Malgré cette indulgence du gouvernement, les rebelles ont fait la guerre pendant toute une année, et maintenant encore ils persistent à invoquer les armes étrangères pour mettre fin à une querelle domestique, et ils ont tellement appelé l'attention sur l'esclavage, qu'il est impossible de ne pas en parler.

« La région où l'insurrection existe toujours a une population de 4,500,000 blancs et 3,500,000 nègres, presque tous esclaves. On voit donc que c'est une guerre entre deux partis de race blanche, non-seulement en présence des nègres esclaves, mais encore au milieu d'eux.

« Il est notoire, et nous ne pourrions pas cacher ce fait quand bien même nous le voudrions, que la querelle a eu pour cause la question qui intéresse à un si haut point la race nègre, et que, par conséquent, les sympathies et les vœux de ceux-ci sont naturellement pour l'Union.

« On ne peut pas s'attendre à ce qu'une guerre civile entre deux partis de race blanche, dans un tel lieu et dans de telles circonstances, continue longtemps sans que la race noire manifeste quelque agitation. Ce fait s'est produit déjà. Partout le général américain reçoit des renseignements par l'intermédiaire des nègres, qui regardent son arrivée comme un présage de liberté.

« Partout où s'avance l'armée nationale, les nègres esclaves, s'échappant de chez leurs maîtres insurgés, viennent la rejoindre et offrent leurs services et leur travail pour être employés comme on le jugera désirable. Tant de ces esclaves ont, sans y être invités, et quelquefois même malgré l'opposition des autorités fédérales, passé de l'esclavage chez les insurgés à la liberté chez les citoyens restés loyaux, que le gouvernement est occupé aujourd'hui des mesures à prendre pour leur assurer un domicile ici ou à l'étranger.

« Il ne s'en échappe pas moins de cent chaque jour, et à mesure que l'armée avance, le nombre augmente. Si la guerre devait continuer indéfiniment, tous les esclaves non-seulement deviendraient libres, mais encore ils seraient tous fugitifs. Si les insurgés résistent et veulent les empêcher de s'échapper, comment peuvent-ils espérer que la guerre civile qu'ils ont allumée ne dégénère pas en guerre servile ?

« Certainement une population esclave, surtout esclave depuis aussi longtemps que le sont les nègres d'Afrique dans les contrées insurgées, a besoin de temps et d'expérience pour organiser une guerre civile ; mais si la guerre continue indéfiniment, la guerre civile n'est qu'une question de temps. Le problème à résoudre est celui-ci : Laissera-t-on la lutte en arriver à ce point ?

« Le gouvernement, qui professe une juste considération pour le bien-être général, y compris celui des États insurgés, adopte une politique dont le but est de sauver l'Union et la société de cette épouvantable catastrophe, et d'arriver à une abolition pacifique de l'esclavage.

« Il n'est évidemment pas nécessaire de prouver à un homme d'État éclairé que le travail du nègre, dans les contrées insurgées, est actuellement indispensable comme ressource aux insurgés pour continuer la guerre ; il n'est pas nécessaire de prouver non plus que ce travail est la base de tout le système industriel existant dans cette région.

« On le voit donc, la guerre produit déjà une désorganisation du système industriel des États insurgés et tend à une subversion de tout leur système social. N'oublions pas en outre que le système industriel de l'Europe est en grande partie basé sur le travail des nègres employés dans les États insurgés à la production du coton, du tabac et du riz, et sur le libre travail des autres États employés à produire des céréales, en échange desquels sont demandés les produits de l'Europe.

« La désorganisation de l'industrie, qui se révèle déjà dans les États insurgés, ne peut que les rendre incapables de continuer la guerre, et en même temps il doit en résulter de grands désastres pour l'Europe.

« D'un autre côté, la désorganisation opère à présent d'une manière beaucoup moins préjudiciable au gouvernement fédéral et aux États fidèles. Chaque travailleur africain qui s'échappe de son service est non-seulement perdu pour la cause de l'insurrection, mais encore il apporte une augmentation au travail productif des États fidèles, et accroît d'autant leurs moyens de poursuivre la lutte dans laquelle ils sont engagés malgré eux.

« L'importation étrangère, qui, jusqu'à présent, manque en retour pour l'exportation des marchandises du Sud, stimule l'industrie manufacturière des États loyaux. L'immigration redouble par l'activité qui se déploie dans ces États ; elle résulte de l'extension de la manufacture, ainsi que de la continuation de la guerre.

« Ainsi, à l'encontre de tant de prophéties en Europe, s'est révélé ce phénomène, à savoir : que la guerre n'appauvrit et n'épuise que l'insurrection et ne nuit point à l'Union. Je ne prétendrai point que ces effets dureront à perpétuité. Il y a, je le sais, un moment, pour toutes les nations qui ont le malheur d'être engagées dans une guerre, où il faut compter, et je ne me flatte pas que les Etats-Unis soient exempts de cette inexorable loi; mais il me suffit, quant à présent, que le mal ne soit ni plus grand ni plus menaçant que les Etats loyaux ne peuvent l'endurer, pour amener cette lutte malheureuse à son dénoûment tant désiré.

Supposons qu'un Etat ou plusieurs Etats européens croient juste ou utile d'intervenir par la force pour obliger les Etats-Unis à accepter une transaction. Quel autre effet cela pourrait-il produire que de rendre inévitable et même de précipiter cette guerre servile, si complétement ruineuse pour les intérêts européens en Amérique, et que notre gouvernement s'efforce si scrupuleusement d'éviter ?

« Je sais que la crainte de voir une pareille politique adoptée par une nation étrangère est passée, si toutefois ce danger a jamais existé; car je suis heureux d'apprendre que jamais nul gouvernement étranger ne nous a menacés d'une semblable intervention, et qu'au contraire plusieurs ont noblement désavoué tout dessein hostile.

« Je n'ai posé cette hypothèse que pour arriver à une question non moins grave, c'est-à-dire quel effet doit produire une politique qui encouragerait les insurgés par l'espoir d'une intervention qui n'aura jamais lieu ? Cet effet n'est-il pas visible dans l'acharnement que mettent les insurgés à détruire le coton et le tabac déjà cultivés et prêts à entrer dans le commerce au retour de la paix ?

« Cet effet ne se manifeste-t-il pas aussi dans leur négligence affectée à ne point planter leurs denrées, et à employer, autant qu'ils peuvent, le travailleur africain à produire les provisions et le fourrage nécessaire pour qu'ils puissent poursuivre la guerre ? A mesure que le temps marchera, l'effet se développera davantage en ouvrant la voie à cette guerre servile qui, si on la laisse venir, enfantera pour tout le monde des maux infinis et ne peut enfin qu'aboutir à un système entièrement nouveau d'industrie et do commerce entre les États-Unis et toutes les nations étrangères.

« Je n'ai pas besoin de dire que ces vues ne se basent ni sur aucun acte, ni sur aucun langage du gouvernement britannique, et qu'elles lui sont soumises tout comme elles le seront aux autres États, inspirées qu'elles sont par l'ardent désir qu'a le Président de voir la véritable situation de la lutte actuelle parfaitement comprise partout.

« Je suis, etc.

« *Signé :* WILLIAM H. SEWARD. »

(*Débats* du 15 août 1862.)

NOTE C.

La politique de Louis XVI et de la France à l'égard de l'Amérique.

Dès le règne de Louis XV, ce fut l'opinion des politiques français, qu'un jour les colonies anglaises se sépareraient de la métropole, et que cette séparation fortifierait la France et affaiblirait l'Angleterre, en créant une grande puissance maritime. Ce fut cette idée qui décida la Cour de Versailles à céder si facilement et si tristement le Canada. Donner le Canada aux Anglais, c'était délivrer les colonies américaines d'un voisinage qui les forçait à s'appuyer sur la métropole, c'était hâter et forcer l'émancipation. On sait le mot historique de M. de Choiseul, signant l'abandon de notre colonie aux Anglais : *Enfin nous les tenons.* Dès le lendemain de la paix de 1763, c'est un lieu commun chez les voyageurs et les politiques que d'annoncer la séparation. On peut voir sur ce point le Voyage de Kalm en Amérique, et le fameux discours prononcé en Sorbonne par le jeune Turgot.

La résistance des colonies aux impôts établis par le Parlement ne prit donc point la politique française au dépourvu. M. Cornélis de Witt, dans sa Biographie de Jefferson, a réuni sur ce point des pièces d'un grand intérêt. M. de Vergennes, le plus habile diplomate du règne de Louis XVI, lisait clairement dans l'avenir, et cela est d'autant plus remarquable que la passion ne l'animait point ; à vrai dire la révolution américaine l'effrayait. Une conversation diplomatique. rapportée par un envoyé anglais à la Cour de Versailles, nous donne toute la pensée de M. de Vergennes. C'est dans les archives anglaises que M. de Raumer a trouvé ce morceau curieux [1]. La dépêche est du 13 octobre 1775.

« M. de Vergennes m'a dit : Nous désirons vivre avec vous en parfaite harmo-
« nie, et nous sommes loin de songer à rien qui puisse augmenter vos embarras
« présents. Loin de vouloir les aggraver, nous les voyons avec quelque peine. Ce
« qui se passe en Amérique n'est de la convenance de personne. Je crois voir ce
« qui arrivera lorsque vos colonies auront conquis l'indépendance à laquelle elles
« aspirent. Elles s'efforceront de construire des flottes, et comme elles ont pour
« cela toutes les ressources possibles. elles seront bientôt plus qu'en état de résister
« à toutes les forces maritimes de l'Europe. Joignez à cela les avantages de leur
« position, elles seront bientôt en état de conquérir nos îles et les vôtres. Je suis
« convaincu qu'elles n'en resteront pas là. mais que, dans la suite des temps, elles
« envahiront l'Amérique du Sud et en chasseront ou en subjugueront les habi-
« tants. Elles finiront par ne laisser à aucune puissance de l'Europe un pied de
« terrain dans cette partie du monde [2]. Cela ne se fera pas en un jour. Ni vous,
« ni moi. Mylord. nous ne verrons ces choses ; mais pour être éloignées, elles
« n'en sont pas moins certaines. »

Quelques années plus tard. M. de Vergennes acceptait la guerre avec l'Angleterre. L'habileté et le patriotisme de Franklin, le dévouement de Lafayette entraînaient l'opinion ; le comte d'Artois, jeune alors, était auprès de Louis XVI. le plus ardent ami des *insurgents ;* mais en soutenant l'Amérique, M. de Vergennes n'avait pas changé d'opinion sur la grandeur future des colonies. Le traité d'alliance signé avec les Américains portait. comme conditions essentielles : 1° que les colonies ne traiteraient avec l'Angleterre que sur le pied de la séparation ; 2° qu'elles ne feraient point la paix sans l'aveu de la France.

En d'autres termes, quand la France s'est alliée aux États-Unis naissants, elle a voulu établir une puissance maritime qu'on nous propose de détruire aujourd'hui.

---

[1] Raumer, *Europa von 1763-1783*, t. III, p. 215. Je traduis sur l'allemand. l'original est en français.

[2] *L'Amérique aux Américains*, c'est la doctrine Monroe, devinée à plus de trente ans de distance, et dans son premier germe, par M. de Vergennes.

NOTE D.

Politique de Napoléon à l'égard des Etats-Unis.

On sait que le premier Consul, reprenant les idées de M. de Vergennes, s'était fait rétrocéder la Louisiane par l'Espagne. Il voulait y fonder une grande colonie française qui, placée entre les Américains et les Espagnols, amortît l'ambition des uns et protégeât la faiblesse des autres. La rupture de la paix d'Amiens, prévue dès le premier jour, l'empêcha de donner suite à ce projet.

Trouvant partout l'Angleterre devant lui, le premier Consul cherchait à briser cette prépotence maritime qui l'inquiétait.

« Les principes d'une suprématie maritime, disait-il à ses conseillers, sont « subversifs d'un des plus beaux droits que la nature, la science et le génie aient « assurés aux hommes : c'est le droit de traverser les mers du monde avec autant « de liberté que l'oiseau qui fend les airs : de jouir des ondes, des vents, des « climats, des productions du globe ; de rapprocher par une navigation hardie des « peuples séparés depuis la création : de porter la civilisation dans des contrées « en proie à l'ignorance et à la barbarie. Voilà ce que l'Angleterre veut usurper « sur tous les autres peuples [1]. »

« Laissons, disait-il encore, laissons le commerce et la navigation en la posses-« sion exclusive d'un seul peuple, et le globe sera assujetti par ses armes et par « cet or qui lui tient lieu d'armée [2]. »

Ce fut alors que Bonaparte songea à céder la Louisiane aux Etats-Unis, afin de les agrandir ; et à cette occasion il prononça les paroles suivantes, qui résumaient toute la politique française depuis trente ans :

« *Pour affranchir les peuples de la tyrannie commerciale de l'Angleterre, il* « *faut la contre-poiser par une puissance maritime qui devienne un jour sa* « *rivale, ce sont les Etats-Unis. Les Anglais aspirent à disposer de toutes les* « *richesses du monde. Je serai utile à l'univers entier si je puis les empêcher de* « *dominer l'Amérique comme ils dominent l'Asie* [3]. »

En signant le traité de 1803, qui doublait la surface des Etats-

[1] Barbé-Marbois, *Histoire de la Louisiane*, Paris, 1829, p. 280.
[2] Barbé-Marbois, p. 282.
[3] Barbé-Marbois, *ibid.*

Unis, en leur donnant les immenses territoires qu'on appelait alors la Louisiane, territoires qui allaient des bouches du Mississipi à l'océan Pacifique, c'est-à-dire de la Nouvelle-Orléans à la Californie, Bonaparte dit encore :

« Cette accession de territoire affermit pour toujours la puissance des États-
« Unis, et je viens de donner à l'Angleterre une rivale maritime qui tôt ou tard
« abaissera son orgueil [1]. »

Le récit de M. Thiers n'est ni moins intéressant ni moins instructif.

« Je ne garderai pas, dit le premier Consul à l'un de ses ministres, une possession qui ne serait pas en sûreté dans nos mains, qui me brouillerait peut-être avec les Américains, ou me mettrait en froideur avec eux. Je m'en servirai au contraire pour me les attacher, pour les brouiller avec les Anglais, *et je créerai à ceux-ci des ennemis qui nous vengeront un jour, si nous ne réussissons pas à nous venger nous-mêmes.* Mon parti est pris, je donnerai la Louisiane aux États-Unis..... » — (Mars 1803.)

« C'est ainsi, continue M. Thiers, que les Américains ont acquis de la France cette vaste contrée, qui a complété leur domination sur l'Amérique du Nord et les a rendus les dominateurs du golfe du Mexique pour le présent et pour l'avenir. Ils sont par conséquent redevables de leur naissance et de leur grandeur à la longue lutte de la France contre l'Angleterre. Au premier acte de cette lutte, ils ont dû leur indépendance, au second le complément de leur territoire [2]. »

Les Américains sentirent, dès le premier jour, l'importance de cette cession et l'immense service que la France leur rendait.

« Aussitôt que le traité fut signé, nous dit Barbé-Marbois, qui était le négociateur français, les trois ministres se levèrent, se donnèrent la main, et Livingston [3] exprimant la satisfaction de tous, dit : « Nous avons longtemps vécu, et
« voilà la plus belle œuvre de toute notre vie. Le traité que nous venons de
« signer, également avantageux aux deux contractants, changera de vastes soli-
« tudes en des pays florissants. *C'est d'aujourd'hui que les États-Unis sont au
« nombre des puissances de premier rang; toute influence exclusive sur les affaires
« de l'Amérique échappe sans retour aux Anglais.*
« Ainsi va cesser une des principales causes des rivalités et des haines euro-
« péennes. Cependant, si les guerres sont inévitables, la France aura un jour dans

[1] Barbé-Marbois, p. 335.
[2] Thiers, *Histoire du Consulat*, t. III, liv. xvi, p. 320-322.
[3] L'autre ministre américain était M. Monroe, qui plus tard fut président des États-Unis.

« le nouveau monde un ami *naturel*, croissant en force d'année en année, et qui
« ne peut manquer de devenir puissant et respecté sur toutes les mers du monde.
« *C'est par les États-Unis que seront rétablis les droits maritimes de tous les*
« *peuples de la terre, aujourd'hui usurpés par un seul. C'est ainsi que ces traités*
« *deviendront comme une garantie de la paix et du bon accord entre les États*
« *commerçants* [1]. »

Les Anglais, que leur intérêt ne rendait pas moins clairvoyants que les Américains, sentirent le coup fatal que cette cession leur portait. En 1809, nous voyons le gouverneur du Canada
favoriser des intrigues qui ont pour objet de diviser les États-
Unis, et de séparer le Nord et le Sud. La politique anglaise nous
est connue par une lettre du principal meneur de l'intrigue,
homme fort habile, qui voulait, il y a plus de cinquante ans, faire
l'œuvre que le Sud accomplit si patriotiquement aujourd'hui.

« Il faut hâter une autre révolution aux États-Unis ; il faut renverser la seule
« république dont l'existence prouverait qu'un gouvernement, fondé sur l'égalité
« politique, pourra, au milieu des tumultes et des dissensions, assurer le bonheur
« des peuples, et sera en état de repousser les entreprises étrangères. *L'objet de la*
« *Grande-Bretagne doit donc être de fomenter les divisions entre le Nord et le*
« *Sud, et d'éteindre les restes d'affection que les Français ont inspirée à ces*
« *peuples. Alors rien ne l'empêchera de poursuivre ses desseins en Europe, sans*
« *s'inquiéter du ressentiment des démocrates américains. Sa supériorité à la*
« *mer la mettra en état de dicter ses volontés aux navigateurs du Nord, et même*
« *aux agriculteurs du Sud, dont les produits seraient sans valeur si nos forces*
« *navales en empêchaient l'exportation* [2]. »

L'entreprise échoua contre le patriotisme et l'union des Américains ; mais on peut dire que depuis lors rien n'a changé dans
la situation. Les Américains sont restés nos *amis naturels*, les
défenseurs de la neutralité ; l'Angleterre seule peut gagner à une
séparation, qui n'affaiblit pas moins le continent européen que
le nouveau monde.

J'ajoute que c'est là un de ces avantages funestes dont l'Angleterre aurait aussi à souffrir quelque jour. Elle redeviendrait
un objet de haine pour tous les peuples. Je ne doute pas que des
hommes éclairés, comme M. Gladstone, n'aient le désir sincère
de conserver intacte la grandeur d'une nation, qui n'est, après

[1] Barbé-Marbois, p. 531.
[2] Barbé-Marbois, p. 403.

tout, que la glorieuse fille de l'Angleterre protestante. La paix est le profit commun de l'humanité et de la civilisation. Mais il ne manque pas en Angleterre plus qu'ailleurs de politiques à courte vue, qui cherchent en toutes choses, comme un personnage de la fable :

Leur bien premièrement et puis le mal d'autrui.

C'est là qu'est le danger. Il sera toujours funeste de donner aux hommes une puissance sans limites; il y a là une ivresse qui tourne les meilleures têtes et égare les peuples non moins que les rois. Cinquante années de paix maritime, c'est la gloire du dix-neuvième siècle. Cette paix, on la doit surtout à la neutralité des Etats-Unis. L'histoire nous dit comment nos pères, comment Louis XVI, comment Napoléon ont concouru à fortifier cette garantie sans égale ; ne détruisons pas en un jour cette œuvre patriotique. Si nous n'avons pas pitié de l'esclavage, ayons au moins pitié de notre pays, et gardons-lui l'amitié des Etats-Unis et la paix.

FIN

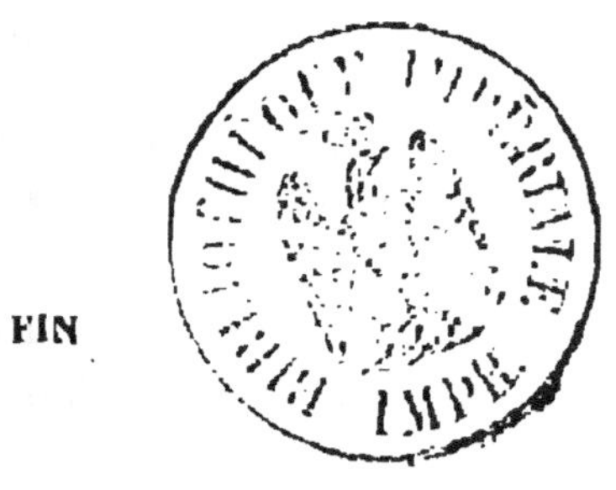

Paris. — Typographie Hennuyer, rue du Boulevard, 7.

Paris. — Typographie Lahure, rue du Boulevard, 7.